Permiso para retirarme

Alfredo Bryce Echenique

Permiso para retirarme

Antimemorias III

EDITORIAL ANAGRAMA
BARCELONA

Ilustración: © Carmen M. Cáceres

Primera edición: enero 2021

Diseño de la colección: Julio Vivas y Estudio A

© Alfredo Bryce Echenique, 2021

© EDITORIAL ANAGRAMA, S. A., 2021
   Pedró de la Creu, 58
   08034 Barcelona

ISBN: 978-84-339-9913-9
Depósito Legal: B. 20279-2020

Printed in Spain

Romanyà Valls, S. A., Sant Joan Baptista, 35
08789 La Torre de Claramunt

*A Martha Muñoz Ordóñez
y Germán Coronado Vallenas,
por todo*

Escribió, amó, vivió...

Del epitafio de HENRI BEYLE,
llamado STENDHAL

DOS BARDOS GENIALES Y UN INMENSO STENDHAL
(A modo de prólogo)

Al enviudar, mi madre se mudó a un departamento en San Isidro, al que a menudo iba don Nicomedes Santa Cruz. En el bar, donde había una foto grande de mí, solían tomarse sus copichuelas hasta altas horas de la noche. Muchos años después, en la Feria del Libro de Madrid, conocí a don Nicomedes, que se me acercaba siempre a preguntarme: «¿Y cómo está su mamacita, don Alfredo?» Y así, un día decidimos almorzar juntos y, antes de volver a mi caseta en la feria a seguir firmando libros, don Nicomedes, decimista sin par, me recitó estos versos entrañables sobre su hermano Rafael, el único torero negro al cual se aplaudió mucho en plazas de toros como la de Madrid:

> Plaza de Carabanchel,
> tu arena se ha puesto roja
> con la sangre que te moja
> mi torero Rafael...
> No queda un alma en el coso,
> el sol oculta su esfera,
> pero de contrabarrera
> se oye un llanto quejumbroso;

y entre sollozo y sollozo
una voz que dice fiel:
«Herida tu oscura piel
con mi llanto te acompaña
toda la afición de España
mi torero Rafael...»

Pero volvamos a aquel almuerzo, porque fue entonces cuando don Nicomedes me dedicó la décima que aquí cito:

PARA ALFREDO

Limeño mazamorrero,
blanco con alma de zambo,
cunda en Larco y en Malambo,
espíritu aventurero.
Pintarte de cuerpo entero
hace que tu ancestro explique:
De ingleses sin un penique
y vascos sin una pela,
nació para la novela
Alfredo Bryce Echenique.

NICOMEDES,
25 de noviembre de 1987

En Lima, en enero de 2001 tuve el honor y la suerte de conocer al genial Joaquín Sabina y a Jimena, su esposa, entre copas y humo en casa de sus suegros, mis amigos Eida Merel y Pedro Coronado.

La verdad es que aquella noche Joaquín y yo casi nos matamos a botellazos, y también es verdad que en un instante Joaquín desapareció y de regreso me entregó los versos que aquí cito:

12

UN BRINDIS PARA JULIUS

Puntos y comas,
verbena del idioma,
buzón del aire,
bala de goma,
renglones con aroma
a sillón Voltaire.

Luna de día,
lágrimas de alegría
sin telarañas,
chabulerías,
Inés del alma mía,
Martín Romaña.

Pluma traviesa,
amígdalas inglesas,
lengua con peros,
vino de mesa,
tu Tarzán es mi César
sin aguacero.

Habana loca,
Cádiz en carnavales,
Barrio Latino,
Lima que enroca
los puntos cardinales
de mi destino.

Lope, Quevedo
y el manco de Lepanto
no se me piquen,

curen de espanto
con el canto de Alfredo
Bryce Echenique.

JOAQUÍN SABINA

Aunque mi obra literaria está hecha de narraciones y crónicas, recuerdos y hasta olvidos, siempre he sido un devoto lector de poesía. Cuando me quedaba en blanco, sin ideas para continuar la escritura de alguno de mis libros, me bastaba con estirar la mano y abrir, por ejemplo, el volumen de las *Poesías completas* de César Vallejo para recuperar el rumbo perdido. En otros casos, la clave me la dio algún bolero, una habanera o un tango, cuando no un vals criollo. Es por esta razón que he elegido a Nicomedes Santa Cruz y a Joaquín Sabina, dos bardos geniales, para abrir estas páginas de mi despedida literaria. No tengo suficientes palabras para agradecerles a ellos dos y a los poetas y compositores que me han acompañado a lo largo de mi camino literario.

Este tercer y último volumen de mis *Antimemorias* está hecho de retazos y momentos de una vida dedicada a la literatura, la amistad y el amor. Ya he explicado, en el primer volumen, las razones que me llevaron a elegir el título de esta colección, que acuñó el político e intelectual francés André Malraux allá por 1968. Tras una carrera política que lo encumbró como ministro de Cultura, la jubilación política le llegó a Malraux cuando, en 1969, se apagó la estrella del general De Gaulle. En esas circunstancias Malraux volvió a la literatura y en ella siguió mezclando, como lo había hecho en sus anteriores obras, lo verdadero y lo imaginario, la experiencia y el sueño, de un modo tal que el lector queda con la tarea de discriminar lo uno de lo otro. De ahí que eligiera el título *Antimemorias* para el relato de sus memorias, porque en ellas resulta patente esta característica de su escritura. Hago mía esta idea, pues, en mi experiencia, escribir memorias termina siendo un esfuerzo en el que inevitablemente se combinan la ficción y la realidad. Creo yo, como André Malraux, que el psicoanálisis va más allá al interpretar los recuerdos que somos capaces de evocar, y que por ello hoy solo se puede escribir antimemorias. Finalmente diré que estos textos son también la expresión del gusto por contar historias, que mantengo intacto desde los veintiocho años, cuando inicié mi carrera como escritor con los cuentos de *Huerto cerrado*.

He dividido este libro en cinco secciones que van precedidas por un texto titulado «Entre dos clósets y una hermosa dama», que he querido poner al inicio por el simbolismo que encierra y que está ligado a la etapa de la vida en que me encuentro.

He guardado mis últimas palabras para nombrar a Henri Beyle, llamado Stendhal, cuyas obras me han acompañado en cada viaje que hice a lo largo de mi ya extensa vida. Con el paso de los años la talla de este escritor ha crecido en mi aprecio hasta volverse inmenso, un narrador que considero indispensable por los retratos humanos tan hondos que traza en sus novelas, plenas de aventuras, amores y pasiones.

ALFREDO BRYCE ECHENIQUE

ENTRE DOS CLÓSETS Y UNA HERMOSA DAMA

En mi departamento tengo dos clósets, uno grandazo y el otro normal. El grande es lo que en inglés se llama *walk-in closet,* y en él he llegado a tener una bicicleta y un remo, estáticos ambos. Se me preguntará sin duda qué tiene que ver esta hermosa dama con mi departamento y conmigo.

Empezaré contando que ya la había visto años atrás y que apenas si me había fijado en ella. Era una mujer muy bonita y punto. Pero otra cosa era, ahora, en que había sido ella la que, a través de una amiga, me preguntó si podía concederle una entrevista. O sea, pues, que la bella señora, que para más inri se llamaba María Teresa, era una periodista que solía entrevistar a escritores para luego publicarlos en una revista cuya existencia yo ignoraba por completo. Pero no me quise negar porque era una buena amiga la que me pedía el favor y acepté la entrevista, con fecha y hora. Además, siempre puede ser agradable recibir a una mujer hermosa en casa.

María Teresa llegó muy puntual y resultó que era todavía mucho más bonita de lo que yo recordaba. Le ofrecí un café, pero resultó que no tomaba café y lo mismo sucedió con la Inca Kola y la Coca-Cola que también le ofrecí. E iba a ofrecerle sabe Dios qué más cuando me di cuenta de que la hermosa dama ya estaba grabadora en mano y lista para empezar a preguntar. Y así transcurrió una hora y pico en que la bella señora se iba poniendo cada vez más bella. Francamente, yo entonces empecé a desear que aquella entrevista no se acabara jamás de los jamases. Al final era yo quien empezaba a preguntarle tontería tras tontería en un loco afán de prolongar esa entrañable palabrería y convertirla en una conversación interminable. Pero la hora de la partida había llegado y no me quedaba más remedio que ponerle punto final a todo este juego entre el entrevistado y su bella entrevistadora. O sea, pues, que tuve que aceptar que la hora de la verdad había llegado y que María Teresa debía marcharse y dejarme ahí tirado sin una Coca-Cola ni una Inca Kola en el desierto de mi vida. En fin, algo para empezar la travesía del desierto. María Teresa se incorporó y yo me incorporé tras ella como un perro fiel.

Pero unas semanas después recibí el mensaje de una amiga que me invitaba a una fiesta que daba por su santo y luego, cual verdadera gitana adivina, agregaba que María Teresa había quedado encantada con su entrevista y que iba a estar presente en su fiesta.

Y aquí viene un desenlace que yo jamás hubiera podido imaginar. ¿Creerán ustedes si les digo que fue en un solo instante que imaginé todo lo que viene a continuación? Y lo que viene a continuación se refiere precisamente a los dos clósets que mencioné al empezar con estas páginas de mi vida real. De pronto me descubrí a mí mismo haciendo espacio para guardar toda la ropa que María Teresa iba a traer a mi departamento, de los pies a la cabeza, y como temí que el espacio no iba a ser suficiente empecé a abrir todo lo que había por abrir en el famoso *walk-in closet*. Iba de cajón en cajón, de gancho en gancho, de puerta en puerta, y me preguntaba una y otra vez y con más angustia qué iba a hacer yo, mísero de mí, con la bicicleta y el remo estáticos ambos, como recordarán. Bueno, siempre era posible bajar ambos trastos y guardarlos en el depósito del edificio en el que vivo. Pero ¿y la ropa de María Teresa? En fin, esta dama parecía ser elegante, muy elegante, tan elegante como el día aquel en que vino a entrevistarme en mi departamento y rechazó la Inca Kola, la Coca-Cola y hasta un café. Yo entonces recordé que ambas bebidas seguían como olvidadas ahí en la refrigeradora y esto realmente me partió el alma. Tenía que dejarme de tantas colas y resolver el problema de la ropa de María Teresa. Abría cajones y puertas y, lo que es mucho peor, no me quedaba más remedio que empezar con una verdadera mudanza para resolver el problema. Horas después, el *walk-in closet* y el otro, mucho más pequeño, se habían convertido en un desastre total. Mi ropa, que ya casi no cabía en ninguna parte, empecé a guardarla a como diera lugar, por aquí y por allá, y así hasta que al final ya no cabía nada más en ninguno de los dos clósets. No tuve más remedio que irme a la cocina y servirme un vodka tras otro para relajarme y a los que añadí, ya bien entrada la noche, un buen somnífero que acabara con aquella verdadera tortura, al menos por unas horas.

Al día siguiente, fue mi hacendosa empleada, Elena López Rupay, la que puso orden a tanta calamidad y trasladó la mayor parte de mis cosas del clóset grande al chico, con lo cual mi ropa, mis zapatos y todo el resto terminó todo apretujado y arrugado tras aquella loca mudanza.

Y aquí, como suele decirse, había llegado la hora de la verdad, para emplear palabras muy taurinas. Con mi terno, mi camisa y hasta mi corbata, muy bien planchados por la hacendosa Elena López Rupay hice mi llegada a la

19

fiesta de mi amiga, dispuesto a todo con María Teresa. Debo confesar que iba impecablemente vestido, muy muy bien vestido para un fracaso. Y este comenzó con varios vodkas ya bebidos en mi departamento, y que estaban dispuestos a darme el apoyo que me sería indispensable para concretar la hazaña de enamorar a María Teresa, caiga quien caiga. Pues María Teresa estaba preciosa ahí, sentada en un sillón al lado del cual me instalé yo y le exigí un vodka al primer mozo que encontré. Pues ese mismo mozo pasó varias veces y yo hasta le di una propina para que me sirviera más vodka y nada más que vodka.

El resultado de este cambalache fue que yo empecé a exigirle una atención cada vez mayor a María Teresa, casi con derechos adquiridos, al mismo tiempo que me fui poniendo más y más exigente y hasta subí el tono de voz autoritariamente. Y en esas andaba cuando miré y me di cuenta de que ya no había nadie a mi lado y que mi futuro me condenaba literalmente a cien años de soledad.

Ni recordaré nunca en qué estado me encontraba yo al llegar a mi departamento y caer pesadamente sobre mi cama. Lo cierto es que me encontraba más muerto que vivo cuando la hacendosa Elena López Rupay me despertó con una vasija llena de hielos que aplicó sin más sobre mi cabeza y mi cara. Me preguntó luego en qué líos había estado yo metido y que ya le contaría todo después de un buen duchazo con agua bien fría y un desayuno bien taipá. Salí de la ducha como quien se desangra y como quien comprende que no le queda más remedio que enfrentarse a una empleada gorda y hacendosa que no tardaba en arrancarse con el sermón de la montaña. Y así me encontraba, entre jugo de naranja, huevos revueltos, tocino, y un buen tranquilizante, por lo de los muñecos, cuando Elena, la gorda y hacendosa Elena, me hizo saber o sentir que algo de lo que yo hacía, no sé, andaba mal, pero qué importaba ya lo que sintiera yo, ya que había que poner manos a la obra. Total, que me levanté cuando empezó el interrogatorio al que me sometió Elena y empecé a responder lo más evasivamente posible a tanta pregunta mientras ella continuaba y llegaba al tan temido asunto de los clósets, de mi ropa todita arrugada, en fin, el desmadre que había cometido el patrón y sin duda por una mujer y malvada todavía. Quise intervenir, pero era inútil, ya Elena se sabía enterada de todo y me recordó: oiga usted, señor, que ya a su alta edad hay que saber que hay ciertas cosas que no se pueden ni deben hacer.

–Elena, ¿qué es eso de mi alta edad...?

–La respuesta, señor Alfredo, es que está usted tan viejo que ya ni se acuerda que dentro de una semana cumple los ochenta años...

I. Siempre nos quedará París... y todo aquello

DE VISITA POR MIS TECHOS

El descubrimiento de Europa empieza para mí en el techo de un edificio, en París, y en la parte destinada a servir como dormitorios de las empleadas domésticas. Allí conviví con obreros llegados de Sicilia, de Andalucía, como Paco el Muecas y su esposa la gorda Carmen, a la que llamábamos Carmen la de Ronda, de Vietnam y de Marruecos, y un viejo sordo portugués que escuchaba la radio a un volumen insoportable, más algún estudiante francés y algunos otros personajes sin ocupación conocida, con excepción de Bernard, un burdo ladrón, bruto y bueno como el pan y que soñaba con un mundo todo de oro y por lo pronto ya llevaba en la boca un diente de este codiciado metal. Bernard era mi vecino de cuarto y vivía mantenido por una horrible francesa analfabeta llamada Marie. Ese era su reposo del guerrero y ahí urdía y tramaba sus golpes, como les llamaba él, sin problema alguno. Dos estudiantes francesas llamadas Nadine y Josette y un español llamado Enrique Álvarez de Manzaneda y yo completábamos la muy heterogénea población de aquel techo inolvidable. Y uno tras otro los ocupantes de las *chambres de bonne,* o cuartos de empleadas, compartíamos lo que en Francia suele llamarse un baño turco, que nada tiene que ver con lo que hoy se conoce con ese nombre. El baño turco de aquel techo, y que compartíamos todos sus habitantes, consistía en un minúsculo lavatorio y en un agujero en el suelo sobre el cual uno se ponía en cuclillas y defecaba. Todo esto, como diría Cervantes, era nuestra hacienda. La comunicación entre los habitantes del techo era bastante difícil, por no decir imposible, pues el diálogo con los vietnamitas, por ejemplo, se limitaba a unas cuantas sonrisas y a dos o tres palabras en francés. Al viejísimo portugués apenas se le podía saludar, ya que era sordo como una tapia. Con las chicas, o sea con Nadine y Josette, las cosas eran más fáciles para Enrique Álvarez de Manzaneda y para mí, ya que ambos hablábamos bastante bien el francés. Los habitantes de aquel entrañable techo solíamos reunirnos los domingos abriendo las puertas que daban al pasillo del gran patio interior. Llegado ese día los españoles preparaban una enorme paella a la cual todos los demás vecinos se apuntaban, y otros domingos nos reuníamos los amantes del cuscús, que en realidad era íntegra aquella tropa, ya que un buen almuerzo dominical y grupal era lo más satisfactorio de la semana.

Josette, una gordita rubia y graciosa, era amable y tenía un gran sentido del humor. Era estudiante de Historia y estaba comprometida con un joven militante del Partido Comunista Francés, funcionario de alguna alcaldía de los suburbios de París. Es increíble, pero Josette tenía su vida organizada prácticamente hasta el día de su muerte, ya que su novio, jefecillo municipal del partido, estaba destinado a llegar a alguna alcaldía regional. A Josette le encantaba que Enrique Álvarez de Manzaneda y yo nos pasáramos a tomar un café en su habitación, que era un verdadero despliegue de orden y minuciosidad. Para darle en la yema del gusto diré que su sonrisa era fraternal y hasta comunal, y que estaba abierta al mundo para sujetos como Enrique y yo, que para ella debíamos ser como dos Quijotes de la Mancha muy venidos a menos.

Pero sin duda el personaje que más se prestaba para la chismografía y maledicencia tan común entre los izquierdistas peruanos, capaces de urdir las peores maldades de pura paranoia, y a los que me unía mi relación con Maggie, que sería después mi primera esposa, era Enrique Álvarez de Manzaneda, ovetense que había estudiado Medicina en España, pero que no hacía absolutamente nada en su vida parisina, salvo tocarse apenas un bultito carnoso que tenía en el cuello, cortarme el pelo dos veces al mes y deambular por el techo o por París con un impecable terno gris y varias corbatas bonitas. A pesar de su animadversión hacia mi buen amigo, Maggie sostenía que Enrique tenía un perfil perfecto y que era uno de los hombres más buenmozos que había visto en su vida. Ello no impedía, por supuesto, que viera algo negativo en la creciente amistad entre Enrique y yo, pero en fin, dejemos esto de lado y ocupémonos más bien de las apariciones cada vez más frecuentes de Maggie por aquel techo inolvidable.

Maggie vivía muy confortablemente en una residencia para universitarias, situada en el boulevard Saint-Michel, que tenía su comedor estudiantil y todo el confort del mundo. Ella empezó a ponerse pesadita con mi vida en aquel techo entrañable. Es cierto que yo antes había compartido un estupendo estudio con mi amigo Allan Francovich, pero había encontrado ahora todo un mundo nuevo en aquel edificio situado en pleno corazón del Barrio Latino. Aunque parezca increíble, el tiempo que pasé en ese techo es uno de los mejores de mi vida, fue el descubrimiento del mundo, por los cuatro costados, y de mi propia libertad.

No bien se ingresaba al edificio, se tenía que atravesar el lado noble del inmueble, al fondo del cual se hallaba una escalera de caracol. Por ella subíamos y pasábamos, en un santiamén, de una vida burguesa y plena al décimo piso del techo y sus cuartuchos o buhardillas. Aunque es bueno recordar que antes de emprender el ascenso debía pasar por la habitación de la portera que, al menos a mí, me cobraba cinco francos de aquella época por entregarme mi correspondencia.

En fin, volviendo a Maggie y a mi techo, tuvo que llegar el momento en que a ella le diera por inmiscuirse en mi vida feliz. Para empezar le dio por mi saco de dormir, de sólida tela de *blue-jean*, robado de un albergue de la juventud en una de mis primeras incursiones por Alemania. Veinte veces me tocó el tema, veinte veces me propuso reemplazarlo por un buen par de sábanas y sus fundas de almohadas y veinte veces le respondí resaltando las comodidades de ese saco de dormir que jamás se ensuciaba y que ni siquiera había que planchar ni mucho menos lavar. Pero Maggie era terca como una mula y cuando se emperrechinaba con una cosa no había quien la sacara de ahí. Así fue que me casé con ella también entre llantinas y ruegos. Yo había decidido no casarme antes de los treinta años, pero no me quedó más remedio que acceder a sus deseos y casarme a los veintisiete y ya por supuesto que sin costal.

Una noche en que el techo dormía plácidamente se oyeron feroces exclamaciones en los pasillos exteriores e interiores. De cada cuarto fueron saliendo los habitantes a ver qué diablos estaba pasando. Pues se trataba nada menos que de Bernard, que andaba desesperado porque había vomitado en el baño turco y se le había desaparecido el diente de oro del cual tanto presumía. La solidaridad nocturna de los techos de este mundo no tardó nada en surgir, y el que no se arrojaba al suelo para meter la mano hasta el codo en el silo, por lo menos aparecía con una linterna e incluso con una vela y hasta un fósforo encendidos para iluminar el lugar de los hechos. Pero todo fue inútil y el pobre Bernard quedó desolado, desolado y furioso, desolado, furioso y aturdido. Abrumado como estaba nos invitó a todos a pasar a su habitación para compartir su dolor por aquella valiosa pérdida con cuantas botellas de un tintorro fueran necesarias para levantarnos el ánimo solidariamente ante aquel bárbaro acontecimiento. Por supuesto que no cabíamos todos en aquel cuartucho o sea que las botellas de tintorro fueron recorriendo un lado entero del pasillo exterior e íntegro el pasillo interior. Llegada la madrugada Bernard como que regresó por fin de la negra nube que parecía haberlo envuelto y enceguecido y, botella de ron de quemar en mano, esta vez nos anunció que no solo retornaría de Bélgica, de donde resultó ser originario, con la boca llena de dientes de oro, sino también con sus bolsillos llenos, lo mismo que un gran maletín que sacó de su pocilga y que agitó mostrándolo vacío y exclamando que regresaría a nuestro techo repleto de lingotes de oro. Todos seremos ricos, remató, y repitió varias veces a gritos, antes de encerrarse en su cuartucho con su analfabeta Marie.

Increíblemente fue el portugués sordo el que se comunicó con un puñado de habitantes de aquel techo inefable, porque se había enterado, por el mismo radio en el que escuchaba música y noticias atronadoramente, de que a Bernard lo había acribillado la policía francesa en la carretera entre Francia y Bélgica, con el maletín lleno sabe Dios de qué, pero repleto en todo caso. Corrimos al cuartucho de su muda y analfabeta Marie, pero jamás respondió ni se dejó ver por aquel techo nunca más. Algunos breves y tristones comentarios, parcos, muy parcos, se escucharon por aquí y

por allá, mientras yo pensaba en las letras de una canción
célebre en América Latina en aquellos tiempos, y que solía
cantar el puertorriqueño Daniel Santos:

> Cuatro puertas hay abiertas
> pa'l que no tiene dinero,
> el hospital y la cárcel,
> la iglesia y el cementerio.

SUCEDIÓ EN PARÍS

Había anochecido ya en París y en casa de Alida y Julio Ramón Ribeyro estábamos de triste visita Emilio Rodríguez Larraín, Santiago Cockburn y yo. El silencio reinaba en el ambiente. La noticia era la peor que se nos podía dar. A Julio Ramón le había recrudecido el cáncer que lo convertiría en el hombre más flaco que vi en mi vida. Y hago aquí una pequeña digresión que nos da con inusitada crueldad el recuerdo amargo que compartí con él en una playa situada en la costa catalana. Una amiga común nos había invitado a la estupenda villa que había alquilado para ese verano. Al día siguiente de nuestra llegada ella nos propuso acompañarla a la playa tan concurrida para pasear un rato y darnos un remojón. Julio Ramón llevaba puesto un elegante albornoz de felpa de rayas negras y amarillas que me hacía recordar el colorido atuendo también de rayas amarillas y negras que llevan los jinetes que corren a caballo en los festejos que se realizan en la plaza mayor de Siena y que yo presencié un domingo de fiesta y algarabía en la época en que vivía y escribía en la ciudad de Perugia, en Italia. Bajamos pues el sendero que llevaba de la casa de nuestra amiga casi hasta el mismo mar, cuando Julio Ramón nos dijo que

31

se sentía cansado por el viaje y que en ese estado era más prudente no caminar y que en cambio le apetecía darse un breve chapuzón y volver a tirarse un rato en la arena.

No bien terminó de quitarse el albornoz, una horda de niños lo rodeó incontenible, mientras señalaba el cuerpo, las costillas, y sobre todo las cicatrices que Julio Ramón tenía en el pecho y en el abdomen. La verdad, yo me quedé tan desconcertado e irritado que no encontré la manera de espantar a esa infantil turbamulta que encima de todo gritaba y reía incesantemente. En el acto, Julio Ramón agarró su albornoz como pudo, se lo puso y emprendió el camino de regreso a la casa, y a la mañana siguiente, sin despedirse de nadie, tomó el primer tren que encontró y que lo regresó a París.

Perdónenme que haga aquí otra digresión que me lleva años atrás hasta un verano que debimos pasar juntos en la playa del Algarve, al sur de Portugal, en la época en que Julio Ramón estaba muy sano todavía, fumaba inconteniblemente y mostraba mucho entusiasmo en disfrutar ese verano con Maggie Revilla, mi entonces esposa, Julito, su hijo, y también Alida, su esposa. Como Maggie y yo no podíamos viajar hasta un par de días después, nos citamos en la playa, donde habíamos alquilado una casita para todos. Y ahí pasaríamos todo el mes de agosto, tras lo cual, volveríamos en el mismo vuelo a París

Pero cuando llegamos al Algarve y a la casita alquilada, nos dimos con la novedad de que, según nos explicó el encargado de la urbanización, la familia Ribeyro no había estado conforme con la casita y se había marchado sin dejar dirección ni teléfono alguno. A Maggie y a mí no nos quedaba más remedio que quedarnos a pasar el mes de agosto solos, en el Algarve, lo cual no estaba mal tampoco.

Y así transcurrió muy agradablemente el mes de agosto y nos olvidamos por completo del plantón que nos habían dado los Ribeyro. Pero aquí viene lo mejor del cuento y de mi digresión. El día primero de septiembre Maggie y yo llegamos a Lisboa para tomar ahí el avión que nos llevaría de regreso a París. Pero cuál no sería nuestra sorpresa cuando en el aeropuerto divisamos a la familia Ribeyro completita, y por supuesto a Julio Ramón con un cigarrillo entre los labios. Los abordamos y les preguntamos qué diablos les había pasado para que nos dejaran plantados en la casa que habíamos alquilado juntos. Entonces, tras haberle dado una larga pitada a su cigarrillo, Julio Ramón añadió que, en efecto, la casita alquilada no les había gustado nada, y que, por ello, y para desgracia de los tres, decidieron regresar a París en el primer avión que encontraran, en vista de que no quedaba ni una casa más para alquiler en todo el Algarve. Y ahí había empezado la interminable odisea que los había llevado de ciudad en ciudad y hasta de pueblo en pueblo de Portugal, en trenes y hasta en autobuses de tercera, para poder retornar a París.

En conclusión, Julio Ramón, nuevo cigarrillo en mano, nos dijo que había estado esperando la salida del avión en el que ya tenían sus reservas para el vuelo de regreso. Y, por consiguiente, ahí estábamos todos reunidos en el aeropuerto de Lisboa esperando que un altavoz anunciara la salida del vuelo que nos correspondía. Recordé, entonces, que Julio Ramón le tenía pánico a los aviones pero que, en cambio, ahora era inmensa la tranquilidad con la que esperaba el abordaje de nuestro vuelo.

–Oye, Julio Ramón –le dije–, me alegra mucho verte tan sereno antes de subir a un avión. Tú dices siempre que te aterra la sola idea de ver un avión.

–Es que por lo que sé y recuerdo, no existe ni un solo caso en que dos escritores se hayan matado juntos en un avión –fue su respuesta.

—¿Pero cómo que dos escritores no se han matado nunca juntos? Piensa en el caso de Albert Camus y Gaston Gallimard.

—No, Alfredo, Gaston Gallimard no era escritor. Era tan solo el editor de Albert Camus.

Pues resulta que ahora el aterrado era yo. Repentinamente se me había incrustado la idea fija de que este sería el primer caso en que dos escritores volaban juntos al otro mundo. Pero bueno, para hacerla corta, debo decirles que en aquel vuelo llegamos a París, sanos y salvos, los cinco miembros de la familia que también éramos: los Ribeyro, Maggie y yo.

Pero, volviendo al comienzo de la historia, y como dije anteriormente, nos encontrábamos Emilio Rodríguez Larraín, Santiago Cockburn, Alida, Julio Ramón y yo, en un rotundo silencio y como quien quiere enfrentarse serenamente a la terrible noticia. El cáncer de Julio Ramón había recrudecido y no quedaba más remedio que volverlo a operar, y de toda urgencia. Por supuesto que él fumaba ahí como siempre o tal vez más que nunca.

Fue por uno de esos días o más bien por esas noches en que, saliendo yo de mi departamento de la rue Amyot, me topé con un antiguo alumno mío que ahora era profesor en Marruecos. Y Jean, que así se llamaba mi exalumno, estaba acompañado por un señor que resultó ser médico.

—Yo hace un tiempo que operé en el Hospital Saint-Louis a un escritor también peruano —me dijo—. Tenía un cáncer de esófago que había hecho metástasis. Yo mismo hice que lo trasladaran de la inmensa sala común, llena de decenas de enfermos, al lugar donde se deja a los enfermos terminales.

—Doctor —le dije—, ese señor vive, sigue fumando incesantemente y es un excelente escritor, traducido al francés desde hace muchos años.

–Señor Bryce, su amigo vive, sí. Pertenece al tres por ciento que la ciencia le deja al milagro.

Terminada esta breve digresión, volvemos a encontrarnos en el departamento de los Ribeyro en París, Julio Ramón, Alida, Emilio Rodríguez Larraín, Santiago Cockburn y yo. El problema era muy inquietante. La nueva operación había que hacerla cuanto antes, pero esto, ahora, era prácticamente imposible. La factura de la primera operación no había sido pagada y en esas condiciones el Hospital Saint-Louis se negaba a aceptar ahora a Julio Ramón.

–Tengo una idea –dije yo–: la señora Consuelo de Velasco, esposa de nuestro presidente, se encuentra en París en este momento y Alida la ha atendido todo el tiempo. La ha acompañado a más de un museo y a cuanta tienda puede haber. Ella podría interceder ante su marido para que corra con los gastos no solo de la operación anterior sino también de la que ahora es tan urgente.

–El problema –intervino Alida– es que la señora Velasco se va mañana muy temprano y que sería preciso obtener antes todas las firmas de los pintores, escultores, arquitectos y demás artistas y no artistas peruanos reconocidos que quisieran apoyar el pedido.

–Claro –dijo Santiago Cockburn–, es la una de la mañana y es imposible a esta hora obtener firma alguna.

–Y, además –dijo Emilio Rodríguez Larraín–, nos falta la carta para la señora Velasco. Aunque, claro, la carta la podemos escribir ahora mismo, que sirvan para algo los escritores. Desahuévate, Bryce, y empieza a redactar la carta inmediatamente. Después la firmaremos nosotros, inventando la firma de cuanto peruano conocido haya en París.

Y entonces, por iniciativa de Santiago Cockburn, y como los tres mosqueteros, todos a una y uno para todos, desenfundamos nuestros lapiceros y procedimos a redactar el texto que terminamos firmando.

—¿A qué hora se va la señora Velasco? —preguntó Julio Ramón, que hasta entonces había permanecido muy callado, como siempre.

—La señora Velasco sale de la residencia de la embajada a las seis de la mañana —dijo Alida.

—Yo se la llevo —intervine. Y agregué—: Tomo el primer metro de la mañana y me bajo en la estación de la avenue Kléber, que queda a un par de cuadras de la embajada del Perú.

—Todos a una —dijo una vez más Emilio Rodríguez Larraín.

—Como los tres mosqueteros... —empezó a repetir Santiago Cockburn.

—No seas huevón, compadre —dijo Emilio Rodríguez Larraín, alzando su vaso de whisky.

—Un momentito —dijo Julio Ramón. Añadiendo—: Voy en busca de mi vino. Ustedes saben muy bien que yo voy escondiendo mi copa en cualquier parte de la casa para tomarlo más lentamente.

A la mañana siguiente y en el primer metro desembarqué en la avenue Kléber con la dichosa carta y las firmas todas muy distintas que habíamos garabateado la noche anterior. Diablos, exclamé, al ver la cantidad de compatriotas que esperaban la aparición de la señora Velasco. Afortunadamente, Ronaldo, el chofer del embajador que iba a llevar a la señora Velasco al aeropuerto, sabía quién era yo porque a menudo iba a buscar a Julio Ramón a la salida de su trabajo para llevarlo a almorzar. Ronaldo era el hombre y hacia él me dirigí.

—Ronaldo —le dije, al saludarlo—, hágame usted el favor de entregarle esta carta a la señora Velasco. Con la muchedumbre que hay ahí es prácticamente imposible que yo pueda acceder a ella.

Ronaldo me saludó muy cortésmente, recibió la carta y me dijo:

–De acuerdo, don Alfredo.

En fin, tarea cumplida y con gran éxito. En tiempo récord recibí una respuesta de la señora Consuelo de Velasco. Me la entregó en mano el embajador del Perú y en ella decía: «Estimado señor Bryce Echenique. Con mucho gusto le hago llegar la respuesta a su pedido. El general Juan Velasco Alvarado y yo tenemos el placer de colaborar con usted y sus amigos escritores y artistas.»

Firmaba Consuelo Gonzales Posada de Velasco y, lo principal, adjuntaba un cheque cuyo monto cubriría los gastos de todas las operaciones que le habían hecho y habrían de hacerle al pobre Julio Ramón.

RAMÓN VIDAL TEIXIDOR,
LA PRINCESA SYLVIE, DALÍ Y YO

Era el verano de 1970 y había sobrevivido a un invierno de pesadilla que se alargó a medida que pasaban los meses. Cumplir con mi deber de profesor universitario era un verdadero calvario. Mis clases de Civilización y Literatura Latinoamericanas empezaban temprano en la mañana, y un buen colega llamado François Delprat me recogía y me llevaba hasta la Universidad de Nanterre. En invierno los días empezaban oscuros y eran largos, patéticos y aterradores, y lo peor de cada mañana era cruzar el Bois de Boulogne. Y hasta hoy me sorprende no haber abierto la puerta del auto de mi amigo y haberme arrojado al vacío. Al acabar aquel año académico eran incalculables las oscuras mañanas en que fue un infierno para mí la travesía de aquel maldito bosque. Llegar a una clase y enfrentarme a todos aquellos alumnos y alumnas, adolescentes aún, y muy elegantes algunos de ellos, que me recibían sonrientes y con un buenos días, profesor, me partía el alma. Más tarde me enteré de que la universidad no solo acogía alumnos del barrio obrero aledaño, sino también alumnos provenientes del París más elegante y con mayor nivel de vida.

Y siempre recordaré aquel sueño que tuve en el que me veía sentado en una silla delante de mis alumnos y con una grabadora al lado que dictaba mis clases en lugar de hacerlo yo. Entre las chicas muy elegantes y varias de ellas muy bonitas, había una llamada Sylvie de Lafaye de Micheaux que me sonreía cada mañana al entrar yo a clase. La verdad, esa chica, sus miradas y sonrisas me ayudaban a empezar y terminar mis clases con dignidad. Por fin llegó el día en que ella se me acercó para decirme que un hilo colgaba de mi saco y que le permitiera arrancarlo. Acto seguido arrancó el hilo y me preguntó a boca de jarro si yo quería que me llevara de regreso a París al concluir el día de clases. Acepté la invitación aterrado, temblequemente aterrado, y la tal Sylvie me preguntó si no quería que nos bañáramos en la piscina de la universidad, y cual maga de circo sacó de su bolso una ropa de baño de hombre. Casi me mata de la impresión.

—Todo está preparado —dijo.

—Todo está preparado menos yo —me atreví a decirle, siempre tembleque.

—No digas eso, por favor. Solo dime a qué hora terminan tus clases para encontrarnos después.

Le mentí que yo ya había terminado, me zurré en la hora de clase que me faltaba y le dije que estaba dispuesto a acompañarla a la piscina y la invité a almorzar después.

—Magnífica idea —me dijo, y me informó que tampoco iría a la clase que le faltaba esa mañana—. Bueno —agregó Sylvie con voz de alboroto—, a la piscina entonces.

Me tomó de la mano y me dijo: «A esta maravillosa mañana solo le falta el sol.» Pensé decirle que el sol era ella, pero por supuesto que me contuve, pensando que la imbecilidad de mi frase solo la arreglaba el suicidio. De más está decir que esa mañana se hizo eterna, tan eterna como feliz.

La silueta de Sylvie en la piscina era espectacular. En fin, les ruego perdonarme nuevamente por la imbecilidad de mi frase.

Un par de horas después ya estábamos Sylvie y yo instalados en un espléndido restaurante al que ella me llevó con un entusiasmo desbordante. Nunca olvidaré que se llamaba La Colombe. Y tampoco olvidaré la ferocidad con que ella se apoderó de mi mano, me tomó por los dedos y de un solo tirón me dejó sin anillo de matrimonio y se puso a llorar a mares. Y a partir de ese momento nuestra relación empezó a convertirse en una mezcla de felicidad e infelicidad.

Sylvie, que sufría enormemente con mi estado de salud y con mi soledad, me dijo que su familia conocía hacía tiempo a un médico catalán que sin duda se ocuparía muy bien de mí, y agregó: «Como funcionario del Estado tienes derecho a que se ocupen de los costos de tu tratamiento. Además, te repito que el doctor Vidal Teixidor es un hombre bueno y que se ocupará de ti como nadie.»

Por fin un día apareció Sylvie con el doctor y Maruja, su esposa. De entrada él nos propuso salir a comer y dijo que encantado nos llevaría al Grand Véfour, el mítico y muy antiguo restaurante de París, en el que habían comido grandes personajes como Victor Hugo y que en aquel entonces lo frecuentaba también ese gordo genial llamado Orson Welles. Aquella noche entrañable Ramón, el médico, me preguntó por mi estado y yo comprendí que ya Sylvie le había hablado de mi aguda depresión nerviosa.

–Antes –le dije–, las cosas eran aún peores que ahora. La presencia de Sylvie en mi vida me ayuda mucho, muchísimo, pero ello no impide que haya días en que preferiría estar muerto.

–No digas eso, muchacho, piensa en mí como en un amigo y olvídate de todo lo demás.

Y aquí vienen a mi memoria los recuerdos de un hombre que literalmente, diría yo, me salvó la vida.

–Mira, Alfredo, te ruego que confíes en mí, a pesar de la distancia que nos separará muy pronto, pues ya mañana en la noche tengo que regresar a Barcelona. Volveré, por supuesto, y te veré siempre para salir a cenar. Créeme, querido amigo, que un buen restaurante reemplaza al mejor consultorio, y con placer además de todo. Esta noche yo solo te pido una cosa, y es que hagas un gran esfuerzo y me cuentes tu vida por escrito. Me lo entregas mañana antes de las seis de la tarde, y por ahora anda tomando este antidepresivo solo a título de prueba.

Para mi asombro, Ramón, que así lo llamaba yo ya, se metió la mano en varios bolsillos y sacó cinco cajitas de Anafranil, un antidepresivo. Él leería los folios que yo escribiría esa misma noche, donde contaba mi vida y milagros para llevárselo al día siguiente por la tarde.

–Este es un primer paso, Alfredo. Ten bien presente que este no es más que el primer paso de un tratamiento que puede durar bastante.

Nos despedimos aquella noche y yo fui corriendo a mi departamento para escribir la historia de mi vida, costara lo que costara. Mi esposa me esperaba de muy mal humor, como siempre, y yo le conté la suerte que había tenido de conocer a un médico psiquiatra catalán que me iba a tratar muy libremente y por control remoto. Ella, que estaba a punto de partir rumbo al Perú con sus ideas marxistas-leninistas, no me hizo el menor caso y no dijo ni pío cuando empecé a escribir. De ella ya solo me quedaba el recuerdo del día en que me había dicho que de toda la sarta de alumnas imbéciles que me visitaban, solo una le había parecido simpática e inteligente.

–¿Cuál de todas? –le pregunté yo, y ella me respondió:

—Una que se llama Sylvie, creo, y tiene un apellido impronunciable.

—Pues el médico me ha dicho que salga con alguna alumna.

—Ya veo que tu médico es un burgués reaccionario. Allá tú y tu maravilloso doctor.

Todo empezó al día siguiente cuando yo le entregué al doctor Ramón Vidal Teixidor un montón de hojas en las que hacía hincapié en el estado profundamente depresivo en que me hallaba, y esperé ansioso, muy ansioso, que Ramón, como ya le llamaba al médico a pedido suyo, me diera algunas pautas que seguir durante las primeras semanas de mi tratamiento. Recuerdo que en aquella primera oportunidad le di mi dirección y número de teléfono para mantenernos en contacto hasta su próximo viaje a París. Ramón me llamó varias veces desde Barcelona y durante las charlas que mantuvimos él era quien hablaba de toda la medicación que yo debía tomar y de sus efectos secundarios, que podían ser molestos, desagradables y realmente perniciosos. Por ejemplo, el alcohol, aunque fuera una copa de vino, estaba totalmente contraindicado, y así sucesivamente una serie de alimentos que podían ser fatales para mi estado, entre los que destacaban algunos quesos. Ramón me indicó también todos los alimentos que sí podía tomar y entre los cuales, y gracias a Dios, estaba el queso cantal y punto. Todos los demás quesos estaban vetados. Pero lo más horroroso de este tratamiento, según Ramón, era que producía, como efecto secundario, una total impotencia sexual, y a modo de ejemplo me dijo, también, que el Anafranil era utilizado, entre otras cosas, para la eyaculación precoz. O sea que yo tendría que ponerme una inyección y luego correr donde mi esposa o donde Sylvie, según la noche en que iba a estar con una o con la otra. Increíblemente, día tras día, quienes salvaban mis noches de amor eran las monjitas de un dispensario cercano que me inyectaban. En fin, tremendo papelón.

Pero lo que nunca imaginó Ramón es que mi vida estaba a punto de entrar en un torbellino. A un amigo tan querido como Julio Ramón Ribeyro debían operarlo de un cáncer que pocos años después, ya de retorno a Lima, acabaría con su vida. Por otro lado, mi esposa había decidido regresar a París y nada le hizo cambiar de opinión, ni siquiera mi rechazo brutal a ese retorno. Pero jamás entró en mis cálculos todo lo que iba a seguir después, en tan solo dos o tres días. Recién llegada a París, mi esposa contrajo una tromboflebitis y el médico dijo que debía permanecer internada por unas cuantas semanas. Pobrecita, bastaba con tocarle un brazo o una pierna para que se le pusieran morados por una mala irrigación sanguínea. Entonces mi vida, mi pobre vida de profesor deprimido, se vio inmersa en un triángulo que consistía en pasarme la mañana sentado al lado de mi esposa en una clínica, la tarde en el hospital acompañando a Julio Ramón Ribeyro, y las noches en un verdadero manicomio debido a los celos de Sylvie. Ella siempre había tratado de conocer bien y de querer a Julio Ramón, pero el día en que probó suerte y se le acercó diciéndole que ella era también mi amiga y que sentía profundos deseos de conocerlo y de quererlo, Julio Ramón le respondió que él ya había llegado a la etapa del total desamor. Tuve que intervenir y decirle a la pobre Sylvie que en realidad lo que pasaba era que mi esposa y él estaban enamorados.

Todos estos acontecimientos yo se los contaba puntualmente a Ramón Vidal Teixidor. Él me respondía telefónicamente en el término de la distancia, pero lo más sorprendente para mí era que Ramón iba y venía de Barcelona

43

a París y me atendía con un afecto realmente paternal. Mi tratamiento era caro, muy caro y muy severo, pero, al menos en la parte económica, el propio Ramón me ayudaba mucho trayéndome muestras médicas de las diferentes pastillas y recetas que yo iba necesitando con el tiempo. La verdad es que, a pesar de los horribles momentos que pasé, mi depresión fue remitiendo poco a poco y me llevó a superar las situaciones más crueles e inverosímiles. Más de una vez, en algún almuerzo o comida de amigos, bebí algo de vino y el resultado fue atroz. Agredí a todos los presentes, perdí el conocimiento y había que contenerme como a un loco cuando arrancaba con la violencia.

Han pasado muchos años y el tiempo ha ejercido su dominio. Para empezar, solo después de la muerte de mi tan querido Ramón Vidal Teixidor supe, según me contó su viuda, que había sido el médico de Dalí, quien ya había matado a un psiquiatra con sus locuras, y que le pagaba fortunas a Ramón para que lo acompañara en sus viajes.

Resulta que Dalí organizaba en un hotelazo de París grandes orgías en las que se limitaba a contemplarlo todo por la cerradura de una puerta. Ramón lo acompañaba en todos sus viajes por Europa y algún día, ya muerto el pintor, me contó que Gala, su esposa, se pasaba noches enteras buscando efebos por las playas de Barcelona. No se le escapaba ni uno. Al pobre esposo lo había tenido pinta que te pinta, con excepción de los veranos en que lo dejaba libre para que diera rienda suelta a todas sus obsesiones, a todas sus poses y a su reputación de loco y de genio.

El azar y la inmediata sintonía que establecimos me pusieron en el camino de un médico tan brillante como Ramón Vidal Teixidor. Un hombre al que le debo lo indecible.

ANTONIN ARTAUD Y LOS PSIQUIATRAS

De mi vida en Francia he conservado un libro publicado en París, en septiembre de 1970, y que lleva por título *Antonin Artaud torturado por los psiquiatras*. El subtítulo reza: *Los innobles errores de André Breton y Tristan Tzara...* Estos fueron dos famosos escritores franceses que a inicios de la década de 1920 fundaron el movimiento dadaísta. Breton sería, también, el fundador y figura central del surrealismo. El libro refiere el craso error que estos grandes intelectuales franceses, junto con artistas de su tiempo, cometieron al internar en un manicomio al genio de Antonin Artaud, solamente a causa de una depresión nerviosa. Parece mentira que por entonces la psiquiatría cometiera reales crímenes en nombre de la ciencia. En Lima tenemos el caso de eminentes psiquiatras que lobotomizaban a sus pacientes, cercenándoles el lóbulo frontal y dejándolos convertidos en idiotas que deambulaban por las calles de la ciudad.

Pero volviendo al célebre Antonin Artaud, conservo el trabajo muy bien documentado por el médico Isidoro Isou, donde se denuncia los maltratos a los que fue sometido el notable hombre de teatro.

Pero en todas partes se cuecen habas, y yo mismo, que he recurrido a la psiquiatría en más de una de las ciudades en que he vivido, puedo contar dos casos que me conciernen directamente. El peor de los dos es el de un doctor cuyo nombre he olvidado pero que se apellidaba Colodrón. Entre sus hazañas, de las cuales se jactaba, la siguiente es la que recuerdo mejor. Además de su consulta privada, el doctor Colodrón atendía a pacientes en un hospital psiquiátrico de Madrid. Allí atendía a un grupo de alcohólicos a los que había instalado pastillas subcutáneas de Antabus, un medicamento que les provocaba un rechazo violento a la ingesta de alcohol. Bastaba con un sorbo para que se descompusieran al punto que podían morir en el acto. Con grandes risotadas, me contó que los días domingo permitía a los alcohólicos bajo tratamiento deambular por los jardines de ese hospital psiquiátrico. El cretino de Colodrón se instalaba muy cerca de ellos en una mesa y ahí ponía una botella de whisky que tomaba en un gran vaso con hielo.

Yo mismo estuve en manos de aquel malvado personaje. Pilar de Vega, mi esposa por aquellos años, no soportaba que una persona, es decir yo, se tomara unas copas con sus amigos. La vida con ella se estaba convirtiendo en un infierno y, en un vano afán de tranquilizarla, me hice operar con la finalidad de ponerme diez pastillas de Antabus en la barriga. Pues me bastó con beber un sorbo de vino, como prueba, cuando sentí que sudaba frío, temblaba tremendamente, que los mareos no cesaban y que podían tumbarme al suelo. En tales circunstancias, el corazón del portador de Antabus latía desbocado hasta el límite de una verdadera catástrofe, como afirmaba el gran editor español Carlos Barral, descubridor de grandes escritores como Mario Vargas Llosa. Justo antes de hacerme incrustar las pastillas en el vientre, Pilar vino a decirme que no lo hiciera, que era un chantaje de su parte, pero yo no le hice caso en mi afán de recuperar la paz ya bien alterada de nuestro matrimonio.

Pasaron solamente unos días y la barriga me picaba cada vez más. Yo me rascaba, naturalmente, y poco a poco los pastillones de Antabus empezaron a escapárseme por el vientre hasta que la sabia naturaleza, como dijo un amigo mío, que también se tomaba sus copazos, hizo su trabajo. No se pueden imaginar ustedes el placer que sentí al contarle este episodio al malvado del doctor Colodrón. El tipo realmente me odió, sin duda, por la sonrisa de placer con la que acompañé mis palabras.

Pero más terrible fue el episodio por el que tuve que pasar un verano de 1972, en que fui a visitar a un amigo notario que vivía con su esposa en La Guardia, pequeña ciudad o pueblón de la Rioja Alavesa. Hacía tiempo ya que yo pasaba por una depresión aguda. Estaba con el Antabus puesto y sufría de unas fuertes hemorroides. Entonces, en la ciudad de Logroño, capital de la Rioja Alavesa, mi buen amigo el notario Vicente Puchol me llevó donde un psiquiatra de aquel lugar. Tenía una infección muy fuerte en el recto y el médico me recetó un antidepresivo y unas pomadas para las hemorroides. Pero yo no le hice caso, y de puro desesperado fui a dar a una clínica llamada Nuestra Señora de Valvanera. Allí caí en manos de un carnicero que me operó e infectó el recto, y yo empecé a dar alaridos de dolor. Pues «el carnicero de Logroño» no tuvo mejor idea para tratar de «solucionar» la salvajada que había hecho que ponerme, cada vez que yo me quejaba, una inyección de Dolantina. Y así estuve un par de días encerrado en lo que después se descubrió que era una clínica de abortos. Cuando Mario Vargas Llosa se enteró de este nefasto episodio lo llamó «El vía crucis rectal de Alfredo Bryce», que yo utilicé después en mi novela *La vida exagerada de Martín Romaña.*

El amigo notario Vicente Puchol y Toniquín, su esposa, en cuya casa de La Guardia estaba yo alojado, pusieron el grito en el cielo cuando les conté por teléfono que estaba en un aprieto y les pedí que por favor me fueran a buscar. Con otra inyección de Dolantina logré calmarme, y así los esperé. Salimos de la maldita clínica esa y volvimos a La Guardia, y pasadas un par de horas yo enloquecí, empecé a romper todo lo que encontraba a mi alcance y estuve a punto de matar a la empleada doméstica de mis amigos solo porque se acercó a tratar de mantenerme quieto. Vicente llamó *ipso facto* al doctor Ramón Vidal Teixidor, en Barcelona, y este les preguntó qué medicamentos estaba tomando yo. Cuando le dijeron que entre otras cosas me ponían unas inyecciones de Dolantina, el gran Ramón les dijo:

—Pónganle una inyección más de Dolantina y llévenlo al aeropuerto más cercano. Embárquenlo en el primer vuelo que salga hacia Barcelona. Yo mismo lo recibiré.

Y así sucedieron las cosas, efectivamente, y también es así como fui a parar al Frenopático de Barcelona, un manicomio y al mismo tiempo centro de desintoxicación de drogadictos. Llegué muy tranquilamente al nosocomio aquel, pero recuerdo que alguien me dio un vaso de jugo de naranja y que en el jugo había una mosca. Enloquecí inconteniblemente con solo ver la mosca. Entonces fue inevitable que me pusieran una camisa de fuerza. Tarde o temprano vinieron a sacarme del calabozo en el que estaba atado, y cuando me soltaron y salí de aquel cuartucho infame tenía todos los dolores musculares del mundo. Había estado recluido cerca de un mes en el Frenopático de Barcelona y recuerdo que el doctor Ramón Vidal Teixidor fue a verme todas las mañanas hasta que estuve desintoxicado completamente, gracias a sus cuidados. Entonces fue el momento de ocuparme nuevamente de mis hemorroides y fui operado en Barcelona mismo por un famoso proctólogo apellidado Lentini. En fin, aquí termina un capítulo que bien podría llamarse «Alfredo Bryce Echenique torturado por un salvaje en Logroño, España».

EN EL MUNDO DE INÉS

Acababa de dictar mi última clase del año en la Universidad de Nanterre, en París, y me disponía a abandonar el salón, cuando vi que una alumna mía, llamada Inés, me esperaba muy sonriente en la puerta. Y cuando la tuve delante de mí me dijo alegremente que las cosas no podían quedar así, que a ella le daba mucha pena que yo me fuera de la universidad y que quería verme algún día para ir a tomar una copa y cenar. Así que convinimos en que ella me pasaría a recoger a mi departamento parisino para tomar algunas copas y luego ir a cenar en un buen restaurante.

Pocos días después pasó en efecto a recogerme en un automóvil muy lujoso, con ella al volante. Inés estaba vestida de una manera tan sencilla como elegante, y aquella fue la primera noche de tantas otras en que nos vimos para cenar, aunque pronto empecé a frecuentar su casa. Inés era una muchacha bella, increíblemente bella, y de unos inolvidables ojos azules. No podía quejarme, sobre todo porque no sabía aún cómo era aquel ambiente lujoso y caro en que vivía Inés con su encantadora madre y con sus hermanos en un departamento situado en uno de los barrios más elegantes de París.

Y así fue como poco a poco fui llegando a un mundo tropical en el que veía cómo Inés y su familia descolgaban muy frecuentemente el teléfono de casa, llamaban a Venezuela, de donde eran naturales, pedían dinero, y bastaba con unas pocas palabras para que les enviaran una gran remesa de dólares desde Caracas. Ella decía, por ejemplo, mándeme más reales, y uno podía escuchar cómo les bastaba con esa orden para que su lujosa vida siguiera su rumbo sin que nada la perturbase. Francamente, a esas alturas de nuestra relación ya era fácil que yo me diera cuenta de que había entrado en un ambiente de lujo y frivolidad, pero en el que a pesar de las bromas que Inés o sus hermanos me hacían sobre mi atuendo veraniego y pobretón, yo sentía que de alguna forma había caído en gracia en ese ambiente tropicalón que a la vez me regalaba cariño y amistad. Poco después, por ejemplo, Inés me invitó a su boda con Alexis Bello, magnate venezolano y de nombre ilustre allá en su mundo caraqueño. Aquella boda, en cambio, no la disfruté en absoluto, porque esa noche no vi más que una grosera fastuosidad en la que me sentí extraño como nunca, ante la cual solo me quedó aislarme.

Inés, sin embargo, se me acercó varias veces y me presentó a parientes y demás invitados. Para empezar, la ceremonia civil se realizó en la que fuera la residencia de Juan Vicente Gómez, uno de los más crueles dictadores de la historia de su país y del mundo, diría yo, y situada en la avenue Foch, una de las más bellas y elegantes de todo París. Ya desde entonces, era imposible que yo no me sintiera ajeno a todo aquello, es decir, a todo lo que realmente rodeaba a Inés y a su mundo de familiares y amistades.

No es que me fuera ajeno todo lo que veía a mi alrededor ni que fueran negativas todas las sensaciones que aquello provocaba en mí, pero algo me hacía pensar que lo mejor era alejarse y no dejarme tentar por lo bella y a la vez burlona que era Inés, y no dejarme llevar por la rabia que me producía su frivolidad y esa manera suya de mirar el mundo con profunda indiferencia. Y así fue como no me sorprendió que ella diera por hecho que yo la visitaría aquel mismo verano en la casa que tenía su familia en la isla de Formentera, en España. Sin duda, aquello era un paraíso en el que veraneaba gente como ella, y fue ahí también donde por primera vez me sentí incómodo y estúpido en un mundo atendido por mayordomos y empleadas domésticas siempre atentos y devotos a los caprichos de todo tipo que caracterizaban a los habitantes de aquellas casas maravillosas. Entre ellos sí que me sentí extraño y confundido hasta que llegó la noche aquella en que por la televisión pasaron una película famosa titulada *El filo de la navaja,* que transcurría en un mundo paralelo al de Inés, y, maldita sea, aquella historia era la de una familia riquísima que veraneaba en una mansión tan elegante como la de Inés, y a la cual llegaba invitado Tyrone Power, que era pretendiente de una joven adinerada cuyo padre era un tremendo esnob que no cesaba de ser incluso despectivo y de mirar para abajo a ciertas personas que llegaban de visita a aquel templo de la fortuna, en el que se comportaba como un tiranuelo. Y así llegó el momento de mi herida, aquella ridícula noche, en que este señor comparó al pretendiente de su hija con un profesor en verano. Sucedió lo que hoy calificaría como natural y lógico: Inés y sus invitados me miraron como lo que yo era para ella y sus amigos, o sea, nada más que como un profesor en verano. Pues parece que el asunto les resultaba cómico y que yo era nada menos que otro profesor en verano. La burla resultaba obvia y las risotadas de aquella gente las encontré realmente detestables. Había llegado, pues, el momento de partir, de alejarme del mundo de Inés, de su madre y hermanos y de su entorno latinoamericano. Es lo que hice, y dije adiós para siempre al mundo de Inés.

En efecto, pasaron mil días y sus noches antes de que se me presentara aquel viaje a Venezuela para dictar unas conferencias. Para entonces yo había escrito ya una novela titulada *El hombre que hablaba de Octavia de Cádiz,* en la cual hay un capítulo titulado «*They came from Venezuela*», donde yo retrataba nada menos que el mundo de Inés de aquel entonces en Europa.

Yo ni soñaba con volver a ver a Inés y pensaba que aquel mundo se perdía en el tiempo y que en cierta manera lo había exorcizado ya con las páginas de aquella novela. Pero estaba muy equivocado, tan equivocado como me sentí al darme nada menos que con Inés y con su madre paradas en la puerta del salón en el cual iba a dictar yo mi primera conferencia. Me miraron sonrientes y divertidas y me rogaron que les reservara dos noches para cenar en sus respectivas casas. Accedí a su cariñosa invitación y sentí también que me había encontrado con dos señoras que poco o nada tenían que ver con las personas que yo había conocido alguna vez en París. Volvía a verlas ahora en sus casas de Caracas, sencillas y elegantes, muy distintas a las del ambiente sofisticado y frívolo que antaño frecuenté en la Ciudad Luz. Definitivamente, dos personas sencillas, francamente cariñosas, y realmente agradezco hasta ahora lo mucho que me hicieron disfrutar los días de mi estancia en Venezuela, porque no se limitaron a aquellas dos invitaciones a sus casas, sino que, además, me pasearon por la ciudad y cenamos juntos en excelentes restaurantes.

Ellas nada me dijeron. Sin embargo, algo me permitió llegar a la conclusión de que la suerte las había alejado del mundo aquel que tanto me disgustó allá en París y

Formentera, sobre todo el día del matrimonio de Inés. Por lo pronto, no hubo ni siquiera una mención de aquel novio y esposo llamado Alexis Bello, que miraba el mundo de arriba para abajo, apuesto y radiante, como quien se lo traga de una mirada. Era evidente que Inés se había separado de su esposo y que ahora sencillamente vivía cerca de su madre y su familia en Caracas, sin aspavientos ni lujos. Un nuevo mundo, menos ancho y ajeno para mí, era el que habitaban Inés y su madre. Y así lo comprobé en los días hoy inolvidables que entonces pasé con ellas en la capital venezolana. Ellas nunca dejarían de sorprenderme hasta el final de mi visita y sobre todo en aquel episodio que me permitió conocer a un personaje insólito e increíble. Y esta es por sí sola una breve historia dentro de otra.

En efecto, Inés me dijo que no podía irme de su país sin antes conocer el pequeño mundo que era la propiedad que tenían en el estado de Valencia y sus selvas impenetrables. Y así llegué yo, en una avioneta de su familia, a la propiedad realmente tropical en la que habitaba y trabajaba un ser singular. Pues bien, aquí viene la historia. El guía que me acompañó en los dos días que pasé en la propiedad familiar de Inés era apodado nada menos que Sobradito de Tigre, y la razón era que él había sido casi devorado por un jaguar años atrás, episodio en el que había perdido un brazo entero y media pierna. De allí pues su apodo, pero lo mejor viene ahora: en el momento en que me despedí de aquel inolvidable personaje, me dio la única mano que tenía y me soltó las siguientes palabras:

—Señor, el placer ha sido muy sumamente demasiado grande para mí.

—Y el placer ha sido para mí realmente supino, señor —le respondí, para estar a la altura de sus inefables palabras.

Noté que Sobradito de Tigre se había quedado desconcertado con la palabra *supino,* pues en efecto me dijo:

—Mire, señor, mientras yo voy a enterarme de lo que quiere decir la palabra supino, usted se me queda aquí en calidad de hijo de puta interino.

EL LARGO ADIÓS A PARÍS Y TODO AQUELLO

En París también trabajé en la Universidad de Vincennes, entre 1978 y 1980, en que partí al sur, a Montpellier, donde también trabajé en la Universidad Paul Valéry, y donde escribí *La vida exagerada de Martín Romaña*.

En Vincennes tuve de alumnas a Sylvaine Tinaut y a Lilian Long. La primera se subió al mismo vagón del metro en que yo regresaba a mi departamento y luego bajó en la misma estación, y después se vino caminando detrás de mí. Al llegar a la puerta del edificio en que vivía se presentó y me pidió una copa de vino tinto, y cuando regresé ya estaba tumbada en mi cama y solo le faltaba desnudarse, cosa que hizo entre copa y copa. Tenía un cuerpo sensacional a pesar de no ser tan alta y a pesar de ser una chavala, todavía. Enlazados en la cama y ya sin sus gruesos anteojos, me dijo del deterioro de su vista y que a los treinta años más o menos estaría ciega del todo. Fue increíble la naturalidad con que me contó todo aquello. Recuerdo que al caer la noche la invité a comer a un restaurante que se llamaba La Sopa China y que era muy frecuentado por los anarquistas sobrevivientes del Mayo del 68. La pasamos bien, no puedo negarlo, y seguimos viéndonos hasta el año 1980, en que abandoné París.

En realidad, mi última compañera en París fue una argentina, y se llamaba Lilian Long. Me llamaba Negro, con acento argentinísimo, y era, francamente, muy bonita. La pobre andaba desesperada porque su novio argentino la había abandonado por no ser trotskista. Al cabo de un par de semanas desapareció, sencillamente desapareció, y no volví a tener noticias de ella, a diferencia de lo que pasó con muchas otras exalumnas mías, a las que seguí viendo cada vez que volvía a París. Con algunas incluso he mantenido cierta correspondencia.

Aterricé en Montpellier en octubre de 1980. Lo recuerdo muy claramente porque fue un día de ese mes en que al cabo de cien años nevó en Montpellier. No hay que olvidar que yo iba a Montpellier pensando en un clima cálido, sobre todo en comparación con el de París, especialmente por su cercanía al mar Mediterráneo. Pero pronto el clima mejoró y, en efecto, resultó ser soleado, incluso en invierno, como lo había imaginado.

Para mí Montpellier ha estado ligado siempre al recuerdo de Marie-Hélène Crolot. No recuerdo haber trabajado nunca tanto como en esta ciudad. Cumplía escrupulosamente con mi deber de profesor titular, tanto que con el tiempo llegaría a ascender, y bueno, por qué no decirlo con orgullo, ese logro también se debió a la calidad de mi trabajo. Me había iniciado como lector en la Universidad de Nanterre, y en Montpellier alcancé el máximo estatus como docente universitario.

El exceso de trabajo literario y la soledad de mis encierros me produjeron un feroz insomnio que me llevó a una clínica psiquiátrica llamada Rech, donde pasé internado un año. Allí continué escribiendo, también, pero en vista de que no lograba dormir, la presión arterial se me iba por las nubes los días que quedaba privado de dictar mis clases.

El médico, que era un gran psiquiatra, muy joven aún, optó por dejarme ir a mis clases, pero en una ambulancia, y con una enfermera al lado para que me tomara la presión durante mis horas de clase. Al médico no le quedó más remedio que aceptar que solo cumplir con mis obligaciones como docente universitario lograría recuperarme del problema de la presión alta.

A excepción de la inolvidable Marie-Hélène, solo tuve dos amigas en los cuatro años que pasé en Montpellier. Las dos fueron alumnas mías y no me han dejado más recuerdos que los ojos verde y azul de una chica obsesionada por su belleza, y los arranques de histeria de la otra, que era una loca de atar.

El más grande recuerdo de mis cuatro años en Montpellier es sin duda mi lectura de los tres tomazos de *Mi vida,* de Giacomo Casanova, libros que tienen en total unas cinco mil páginas y que han sobrevivido a todas mis mudanzas. Esta obra fue escrita en Praga, en francés, por un hombre refinado y culto, y muy preocupado por la salud y bienestar de sus muy numerosas amantes, a las que se refiere siempre con un seudónimo, y que fueron centenares, y cuyos nombres verdaderos fueron desvelados, en muchos casos, por los historiadores.

A diferencia de París, la provincia francesa duerme temprano. En efecto, a las ocho de la noche no quedaba un alma en las calles de Montpellier. A esa hora las persianas de todas las casas estaban ya cerradas, las luces interiores apagadas.

La soledad en que me encontraba fue haciendo mella en mí, y al cabo de esos cuatro años decidí que ya había tenido suficiente de todo aquello y me marché a emprender una nueva vida en España.

II. Retrato de familia

A CARTABÓN

Todo empieza en el colegio Belén de Jesús de Chosica, a unos cuarenta kilómetros de Lima. Cuenta la leyenda que mi madre me metió a ese colegio a los tres años porque le daba pena tenerme atado durante todo el día y hasta que me acostara, pues la historia familiar asegura que yo era un niño demasiado inquieto. Recuerdo incluso que a los tres años me ataba a la pata de una cama como la única forma de mantenerme tranquilo. Pero parece que ni atado me quedaba yo tranquilo e incluso tenía una capacidad milagrosa e increíble. Le ladraba, por ejemplo, a una ventana, y esta se hacía pedazos. O sea que mi padre y ella estuvieron de acuerdo en meterme de cabeza al Kindergarten del colegio Belén de Jesús junto con mi hermana mayor, de cuatro años. Portarme mal en el colegio era para mí una verdadera delicia, porque las monjas me castigaban enviándome a un patio y un jardín en el que se reunían para jugar o simplemente para conversar las chicas de secundaria en sus horas de recreo, y yo, al estar libre entre ellas, gozaba de sus mimos y cuidados. Me encantaba estar entre ellas para recibir con gran placer la atención que me daban. Un día en el que me habían expulsado de la clase, me dirigí rápidamente

61

como siempre a donde las alumnas grandes, y una de ellas me regaló un inmenso chocolate que yo devoré en cosa de segundos. Después me tocaba regresar a mi salón, porque la hora de mi castigo terminaba para dar comienzo a la siguiente clase. Aquel día iba a venir el cardenal François Delprat, que residía en Francia y que ahora estaba de visita en el Perú por unos días, y venía a vernos para que mantuviéramos nuestra fe en Cristo. En el patio nos hicieron formar para esperar al cardenal y para escuchar sus sabias y piadosas palabras. Recuerdo que para entonces sentía yo un fuerte dolor de estómago producto del chocolate que acababa de devorar, y recuerdo también que sentía al mismo tiempo unas tremendas ganas de ir al baño. Entonces apareció el cardenal acompañado de una corte de monjas y ahí fue donde me cagué. Terminado aquel acto, el cardenal Delprat se fue entre aplausos, y mi hermana mayor, acuseta como era entonces, no tardó en contarle a la monja de turno lo que me ocurría. Y aquella monja del diablo inmediatamente llamó a mi madre a la casa y le contó todo lo ocurrido. Y horas después, cuando mi padre regresó de su trabajo y me vio atado a la pata de la cama, se limitó a preguntar:

–¿Cómo, otra vez? Ya veo que tu mamá tiene toda la razón cuando dice que eres un niño insoportable.

Mi madre apareció entonces y mi padre le dio un beso y ella inmediatamente empezó a contarle lo ocurrido.

–Yo creo que lo hemos mandado al colegio demasiado pronto –le dijo mi madre.

–La verdad es que a mí me parece lo mismo –dijo mi padre.

Y yo feliz. No dije nada, pero la verdad es que del colegio solo iba a extrañar los mimos y caricias de las chicas de quinto de media.

62

«LOVE STORY»

Siempre pienso que estuve entre los fundadores de ese entrañable colegio, el Inmaculado Corazón, que hoy todavía existe. Y recuerdo, incluso, los perfumes o agua de Colonia que usaban las monjas. Mi preferido era el olor de lavanda Yardley, que uso hasta el día de hoy, al igual que lo hicieron mi padre y mi abuelo materno. Lo increíble era que había una monjita de la cual yo estaba profundamente enamorado y que olía a lavanda Yardley. Exagerando un poquito, se diría que olía a esta lavanda a primera vista. Se llamaba Mary Agnes y hasta hoy creo que mi amor era correspondido, porque constantemente me sonreía cuando pasaba a su lado. O sea que yo me pasaba recreo tras recreo pasando delante de ella a la primera oportunidad. Por esos años descubrí, también, lo que es vivir desgarrado entre dos amores, ya que *sister* Mary Owens, mi profesora de piano, tenía un olor nada perfumado, y con el tiempo me di cuenta de que el olor de aquel perfume no venía de ella misma, sino de un líquido que se usaba para limpiar las teclas del piano, de tal manera que, al acercarse uno a las teclas, la fragancia del tal líquido se hacía cada vez más intensa. De aquí viene el desgarramiento que me causaban estos olores, ya que yo tenía el olor de estos dos líquidos identificados con el amor y creía, como hasta hoy creo, que es delicioso amar a una mujer pero que es espantoso amar a dos mujeres a la vez. Y, haciendo una digresión, recomiendo escuchar al desgarrador Diego el Cigala cuando canta lo tremendo que puede ser amar a dos mujeres y no estar loco. El Cigala, en efecto, canta lo que puede sentir un hombre por amar a dos mujeres, que son su esposa y su amante. Canta las virtudes de la esposa y canta las virtudes de la amante.

Pero, volviendo al Inmaculado Corazón, diré que estuve a punto de convertirme en un prematuro Diego el Cigala cuando me enteré de que la casona en que empezaba su andadura el Inmaculado Corazón se iba a dividir en dos direcciones distintas mientras se construía el gran edificio del nuevo colegio. De esta manera, la casona iba a ser para los alumnos de Kindergarten y preparatoria, y los otros años, menos numerosos, se irían a una casita que quedaba en la avenida Angamos, en San Isidro. ¿Qué haría yo, en efecto, si mandaban a *sister* Mary Agnes a la avenida Angamos, mientras que *sister* Mary Owens se quedaba en la casona de la avenida Arequipa, en Miraflores? Y esto fue exactamente lo que ocurrió. Creí que moriría, pero tuve que resignarme a que *sister* Mary Owens se quedara en la casona, mientras que *sister* Mary Agnes se iba a la avenida Angamos.

Felizmente a mi hermana Clementina la pusieron en el colegio Villa María, que quedaba varias cuadras más allá de la casona, o sea que yo convencí al chofer de que primero dejara a mi hermana en su colegio y después me dejara a mí en el Inmaculado Corazón de la avenida Angamos, y le señalé también el itinerario, pidiéndole por favor que pasara por delante de la casona y me dejara después a mí.

Este itinerario fue mi consuelo, ya que me permitía pasar primero por la casona, abriendo bien la ventana del auto y aspirando todo lo fuerte que podía para sentir el olor a lavanda Yardley de *sister* Mary Agnes, que era como aspirarla a ella misma, y luego seguir de frente, y todo lo desgarrado que podía, hasta caer en el olor de *sister* Mary Owens y su piano.

Finalmente se terminó de construir el colegio grande del Inmaculado Corazón, que aún sigue ahí en la avenida Angamos. Tenía ya seis años y estaba en preparatoria. Mi mundo volvía a estar completo, incluía a mis dos *sisters* y sus olores maravillosos, y lo que es más, el viejo piano seguía exacto con su olor y todo, y yo empecé a fabular convirtiendo en un relato oral estos amores totales y sus consecuencias. Mis compañeros de clase me escuchaban con las orejas paradas y los ojos fijos e inmensos. O sea que, día a día, yo iba alargando las figuraciones de mis perfumadas monjitas, y este es un cuento que se alargó tanto que al final *sister* Mary Owens y *sister* Mary Agnes partieron ya viejitas de regreso a los Estados Unidos. *Sister* Mary Owens partió incluso con su perfume y su piano. Por lo menos así acaba mi historia.

EN EL MUNDO ANDINO

El último lugar del mundo andino que conocí fue el Cusco, aunque parezca mentira. Y lo hice recién en 1972 en mi primer viaje a Lima, en tiempos en que vivía en París, donde residía desde 1964. Después he vuelto al Cusco dos o tres veces, y siempre he quedado asombrado por la visita a sus poblaciones aledañas, como Urcos, San Sebastián y Andahuaylillas. En ese mismo viaje estuve en Puno, y acabo de recordar que en la estación del tren me esperaba una muchedumbre sin saber yo por qué. En serio pensé que, habiendo publicado una sola novela por aquel entonces, era prácticamente imposible que nadie me esperara por ello. Pues resultó ser que sí, se esperaba mi visita, no sé cómo, aunque sí por qué. Era esperado por tanta gente nada más y nada menos que por ser descendiente del presidente José Rufino Echenique, quien gobernó entre 1851 y 1855, nacido en Puno y donde siendo un niño de muy corta edad fue raptado durante una revuelta indígena. Dos o tres años más tarde, cuando tenía siete años de edad y pastoreaba ovejas en un paraje del Altiplano, fue reconocido por un vecino de Puno, quien lo rescató y devolvió a su familia. Posteriormente Echenique se enroló en el ejército que luchaba por la independencia del Perú. Se casó con Victoria Tristán, hija de Pío Tristán, que fue el último virrey nombrado por la Corona española, aunque era un criollo, y quien asumió el cargo al tiempo que se producía la independencia del Perú. De él se dijo que fue el hombre más rico de América del Sur. Con el pasar de los años, en 1851, fue elegido presidente del Perú, cargo que desempeñó hasta 1855, en que fue depuesto por otro militar llamado Ramón Castilla. Se afirma que el de Echenique fue el gobierno más corrupto del Perú de entonces. Sin embargo, cuando estudié Historia con dos maestros, Raúl Porras Barrenechea y Alberto Tauro del Pino, ambos me comentaron que todo esto era falso. Incluso Porras Barrenechea me puso, arbitrario como era, la más alta nota que ponía él, o sea un 16 sobre 20, y luego anotó algo en una hojita de papel que firmó y me la dio diciéndome:

—Entréguele usted esto a su abuelo Echenique y verá que le dará una buena propina.

Digresiones aparte, de niño viví en Chosica, que para mí ha sido siempre, y no me pregunten por qué, la antesala del mundo andino. A Chosica se llegaba entonces por un autovagón de británica puntualidad. Me parece ver a mi padre regresando de su trabajo en Lima, cada día a las ocho y media de la noche. Subía el cerro donde quedaba nuestra casa y entraba a un jardín en el que lo primero que se veía era una vicuña que se paseaba campante por ahí. Esa vicuña se la había regalado mi abuelo Echenique a Paquito, mi hermano mayor, sordomudo y con retardo, y que años después un día amaneció ciego.

Pero volviendo al mundo andino, interrumpo mi relato para contarles algo que se me había quedado en el tintero. En el Cusco, en 1972, conocí también al Cholo Nieto, hombre culto, poeta y mujeriego, si los hay. En una visita a

Lima el Cholo Nieto cayó inesperadamente por casa de mi madre y en su conversación, con muchos vasos de whisky, llegaron, sabe Dios cómo, al tema familiar, y a mi madre le dio por sus antepasados virrey y presidente de la República. Y por ahí se le ocurrió decir que el lema de los Echenique, según su escudo de nobleza, era «Hechos y no palabras». Pero la fiera que era el Cholo Nieto por descabellada respuesta le soltó que también él podía contarle que un día iba por el valle del Mantaro persiguiendo a una indiecita y recitándole sus poesías, cuando esta se detuvo y se volteó para decirle: «Cholo, échate y no palabrees.»

Fortunato, el mayordomo jaujino, quiso intervenir, pero mi mamá, muerta de risa por lo del Cholo, lo mandó a acostarse y así siguió la noche, entre copa y copa.

Recuerdo claramente mi segundo viaje andino. Fue en 1977 en otro viaje a Lima desde París y acompañado por un tal Alfredo Pita, cajamarquino residente en París, también. El origen de este viaje fue el inmenso cariño que me dio la mama Rosa durante mi infancia.

Perdóneseme otra digresión ahora. La nana que me crió de niño, y que rescato en mi novela *Un mundo para Julius,* era la bondad encarnada y era de Cajamarca, más precisamente de Celendín. Volvió a su tierra y allí la visité yo en mi viaje a Cajamarca.

–Mama Rosa, ¿cómo estás?

–Aquí pues, Chinito –me dijo muy suavemente–, aquí, dándole pena a la tristeza.

Por si no lo saben, *Dándole pena a la tristeza* es el título de mi última novela.

Debo volver ahora a los Andes centrales, que de niño recorrí una y otra vez con mi padre. Él había vivido en Jauja desde muy chico, debido a que su padre fue tuberculoso. El abuelo Bryce estuvo internado en el Hospital Santo Toribio de Mogrovejo. Este sanatorio llegó a ser conocido incluso en Europa, desde donde llegaron miembros de grandes familias y hasta de la nobleza, todos ellos enfermos de tuberculosis.

El itinerario de mi padre se repetía religiosamente. Empezaba con la visita a un amigo en La Oroya y luego a otro amigo en Mahr Túnel. En ambas partes operaba la Cerro de Pasco Copper Corporation, poderosa compañía minera norteamericana que dejó quemados para siempre los pastizales de las dos localidades. Desde La Oroya seguíamos subiendo hasta Ticlio, a unos cinco mil metros de altura, y de allí empezaba nuestro lento descenso hasta Tarma. A veces también llegábamos a San Ramón y a La Merced, en lo que se llama ceja de selva. Pero, bueno, Tarma fue siempre el punto de llegada al mundo andino. Tenía y tiene hasta hoy un precioso Hotel de Turistas, una gran catedral y un gran hospital, al cual acuden personas enfermas desde los más apartados lugares de la sierra central del Perú. La catedral era otra obra tan monumental como horrible, y las tres fueron del dictador Manuel Apolinario Odría, natural de Tarma, precisamente. Otros puntos que visitábamos eran Ocopa, con su famoso convento, y Huaychulo, con su hotel en aquel entonces regentado por suizos, y que hoy está en manos de la Derrama Magisterial.

Los únicos viajes que hice sin mi padre fueron los que me llevaron a Cerro de Pasco, donde estaba la central de la Cerro de Pasco Copper Corporation. En una ciudadela aledaña residían, en grandes casas en las que no faltaba nada, y que incluso podían ser muy bonitas, los ingenieros norteamericanos. En cambio, en los edificios residían los ingenieros peruanos y canadienses. Yo fui a Cerro de Pasco unas dos o tres veces, no lo recuerdo bien, pero lo cierto es que iba con Allan Francovich, compañero de colegio cuyo padre era el mandamás de la mina y un hombre entrañable. Don Pancho Francovich, como le llamaba todo el mundo, al jubilarse enjuició a la Cerro de Pasco Copper Corporation, ganó el juicio y se hizo muy rico. Regresó a los Estados Unidos y todo ese dinero lo donó a un centro poblado llamado Helotes, en Texas, muy cerca de la frontera con México, para que fuera destinado a obras de caridad. Él se entregó a fondo a la educación de chicanos muy pobres de aquellos parajes. Ahí lo visité yo estando de profesor visitante en la Universidad de Austin, en Texas.

He seguido yendo a Tarma, siempre, e incluso esta ciudad andina fue parte de un reportaje que hice para la radio y televisión de España. Ese programa, que se llamaba *Esta es mi tierra,* motivó mi penúltimo viaje a Tarma. Desgraciadamente el último fue un desastre. Viajé en compañía de mi gran amigo y editor Germán Coronado Vallenas y de un tal periodista Dante Trujillo, que con su malévola presencia lo arruinó todo.

Pero continuando con los viajes, también disfruté mucho de Canta y Huamantanga, lugar este último tan alto que la neblina cerrada le impedía a uno ver a una persona que tenía muy cerca, casi al lado. Canta también era el lugar en el que mi familia realizaba sus pícnics, y yo lo recuerdo como un lugar rodeado de cañaverales al borde del río Chillón.

Hice dos viajes más al mundo andino. El primero, en 1977, en Ayacucho, cuya Universidad Nacional de San Cristóbal de Huamanga, fundada unos trescientos años atrás, tan solo había funcionado setenta años. El resto del tiempo había estado en receso. La ciudad estaba poblada de vendedores ambulantes de libros de Marx, Lenin, Mao que incluso se podían encontrar en pequeñas pilas sobre las veredas de la plaza de Armas. Todo esto era tan solo una señal de la efervescencia política que desembocaría, pocos años más tarde, en el nacimiento del movimiento terrorista Sendero Luminoso, que fundaría Abimael Guzmán, apodado «Presidente Gonzalo», que tuvo aterrado al Perú de los años ochenta, y quien hoy purga condena de por vida.

A Ayacucho fui para participar en un encuentro de escritores que se realizaba por primera vez en el Perú, y en el cual conocí a escritores como Gregorio Martínez, narrador mediocre pero gran vividor. Era oriundo del sur del Perú, de un villorrio próximo a Nazca, ciudad situada a cuatrocientos cincuenta kilómetros al sur de Lima. La leyenda cuenta que el tal Goyo Martínez, como le llamaban, había «denunciado» en su primera novela, que más que una novela parecía un panfleto, los presuntos amoríos homosexuales de un hacendado nazqueño de apellido De La Borda, que terminaría casándose con la hija del dos veces presidente del Perú Fernando Belaunde Terry. El libro tuvo lectores sobre todo en Lima, donde moraban las familias De La Borda y Belaunde. Tras algunos enfrentamientos, Gregorio Martínez huyó del Perú y terminó instalándose en los Estados Unidos, donde se casaría con una mujer muy rica y donde murió en Virginia. Tengo entendido que sus restos llegaron al Perú y que fue enterrado en su pueblo natal de Coyungo. Gregorio Martínez alcanzó a escribir algunos libros más, de vocabulario tan rebuscado como vacíos de contenido.

Volviendo a mis viajes, me estaba olvidando que en el encuentro de escritores de Ayacucho conocí también al escritor José Antonio Bravo, famoso por su novela *Barrio de broncas,* aunque yo prefiero mil veces una extraordinaria novela de amor suya titulada *A la hora del tiempo.*

71

Por último, mencionaré aquí el viaje que hice al Callejón de Huaylas, cuyas ciudades de Yungay y Huaraz visité en 1980. Una pequeña digresión ahora. En el encuentro de escritores de Ayacucho, en Huamanga, conocí también al escritor Marcos Yauri Montero. Le tenía tal pánico a los aviones que viajaba únicamente por tierra. En cambio Yauri Montero había nacido en el mundo de los huaycos, no recuerdo bien si en Huaraz o en Yungay. Lo cierto es que los huaycos habían arrasado tres veces con su ciudad natal y las tres veces el escritor había reconstruido su casa y no tenía miedo alguno de volverse a instalar ahí. En fin, Marcos Yauri, dueño de semejante historial, prefirió siempre viajar por tierra y nunca en avión.

Y en este último viaje al mundo andino, visité el Callejón de Huaylas en compañía de mi hermana Clementina, su esposo, sus amigos Ballarín, Mario Vargas Llosa y su entonces esposa Patricia, y sus hijos, que eran unos niños. Estábamos desayunando un día, cuando un bombazo nos sacudió a todos y mi cuñado Paco Igartua, gran periodista y fundador de las revistas *Caretas* y *Oiga,* salió disparado en busca del primer puesto de policía que encontró en pos de la noticia. En efecto, nos informó más tarde que aquel bombazo había sido de Sendero Luminoso, el movimiento terrorista que tuvo en jaque al Perú entero durante más de una década.

MI PADRE

Mi padre, Francisco Bryce Arróspide, era de una bondad tan paradigmática como lo era su silencio. Mi tío Octavio Gago, casado con una hermana de mi padre, la tía Cristina, lo recibía todos los sábados a almorzar, a él y a Paquito, mi hermano mayor, que era sordomudo. Al día siguiente el tío Tavo y mi abuelo Francisco Echenique Bryce, quien para más señas era primo hermano de mi padre, solían reunirse en casa del segundo de los nombrados para tomar un aperitivo antes del almuerzo. Y cuando mi abuelo le preguntaba al tío Tavo cómo estaba mi padre, este le respondía:

–Nada. Como tú sabes, Francisco, los sábados vienen a almorzar a mi casa dos mudos.

En realidad, en la familia solo yo disfrutaba de mi padre. Y esto era durante los largos y silenciosos viajes que hacíamos por la sierra central del Perú. Claro que los silencios eran largos, pero también eran interrumpidos cuando mi padre me explicaba todas las razones por las cuales disfrutaba tanto de sus viajes rumbo a Tarma, Huaychulo, Huancayo, Junín y a un lugar llamado Huancaya, cuyas lagunas y pequeñas cataratas son de una belleza realmente incomparable. Después de estas breves palabras placenteras, mi padre me contaba cómo y cuándo había empezado su relación con aquellos Andes que para él valían más, mucho más, que cualquier otro paisaje andino. Su padre había sido tuberculoso y había fallecido siendo él aún muy pequeño, en la ciudad de Jauja. Esto dice, creo yo, bastante de la infancia del viejo. Como todos sabíamos, su primer trabajo consistió en llevar el correo de un extremo al otro de la inmensa hacienda La Mejorada, que, si mal no recuerdo, iba además de un departamento a otro del Perú. Muy poco después su habilidad manual lo llevó a tareas mayores, como si fuera ya un hombre adulto. Parece además que la gente lo llamaba para encargarle todo tipo de arreglos, que él realizaba ejemplarmente. Y así hasta que cumplió los dieciocho años. A esta edad a mi padre le ocurrió un tremendo percance. Lo llamaron de la oficina del ferrocarril por alguna avería en un «cambio de agujas», que es como se le llama al aparato de la vía férrea que permite a los trenes cambiar de una vía a otra. Aceptó gustoso el encargo porque aquello era todo un desafío. Pero, maldita sea, por alguna falla en el ensamblaje del aparato aquel, la locomotora se desvió y el tren no fue a dar a La Oroya, como estaba previsto, sino mucho más lejos, a Cerro de Pasco. Agobiado por su mala suerte y por las bromas pesadas de algunos empleados del tren, mi padre desapareció para siempre de aquel lugar. Tenía apenas dieciocho años cuando abandonó también Lima, parece que en calidad de marino mercante, cosa que el tiempo se encargó de aclarar. Pues sí, el tiempo aclaró las cosas y se supo que mi padre había sido, en efecto, marino mercante.

Veintidós años después reapareció en Lima y dejó a todo el mundo asombrado con su habilidad manual. Se casó con mi madre, que era su sobrina y veintitantos años menor que él. De inmediato empezó a trabajar en el Banco Internacional del Perú. Nadie supo nunca qué papel desempeñaba en aquella institución, aunque me consta que inauguró varias sucursales en muy distintas provincias, todas diseñadas por él, y que en su oficina a veces se le encontraba con un plano, otras con libros de contabilidad y en no pocas ocasiones atendiendo a todo tipo de clientes. Entonces empezaron sus muy frecuentes paseos por los Andes centrales. A su lado iba siempre yo feliz de la vida, sobre todo en vista de que mi madre se negaba a acompañarlo, ya que, según decía ella, la inmensidad de los Andes la abrumaba. Y aquí recuerdo el accidente feroz que tuvimos la única vez que mi hermana mayor, Clementina, nos acompañó durante uno de aquellos viajes que fácilmente duraban cuatro o cinco días. Mi padre perdió el control del timón y, con gran estrépito, el auto fue a parar a una cuneta. Mi hermana Clementina, presa de un ataque de nervios, acusó a mi padre de haber tratado de matarnos a ella y a mí, y mi padre le calló la boca de una buena bofetada. Esta fue la única vez que lo vi fuera de sí y agobiado al mismo tiempo, si esto es posible. El carro quedó inutilizado para siempre, y, después de hacer los trámites de rigor, mi padre, mi hermana y yo volvimos a Lima en tren.

Otra faceta del carácter de mi padre era su gusto por las reuniones que mi familia organizaba y a las que solían llamar las comidas franciscanas. Casi siempre se realizaban en mi casa, pues a mi papá le encantaba encargarse hasta del último detalle de aquellas reuniones. Botella tras botella de whisky, mis tíos y mis primos brindaban constantemente con él para que se soltara y empezara a recordar y contar muchas anécdotas de su vida. La verdad es que nadie de la familia le otorgaba crédito alguno a aquellos recuerdos tan estrambóticos, aunque mi padre los contara con gran seriedad. Así sucedió, por ejemplo, la vez que contó cómo había matado a una vieja mientras toreaba en una plaza de pueblo en España. El toro se le había venido encima, lo prendió y lo lanzó hacia el graderío, donde por mala fortuna cayó encima de la vieja a la que mató en el acto. Otra historia que a la familia le encantaba era la de una tribu en el África, en que las mujeres tenían los senos tan caídos que los hombres afilaban sus cuchillos en ellos.

Hubo una ocasión en que mi padre contó que cierta vez, en el barco en que navegaba, escuchó la voz de un mulato que entonaba un vals criollo con una voz incomparable. Como él era gran amante de la ópera y, según contaba, amigo de Caruso y de Tito Schipa, llevó al muchacho de la linda voz donde tan famosos cantantes de ópera y estos quedaron conmovidos y decidieron encargarse de aquel prodigio peruano. Total que un día media familia Bryce Echenique se quedó absorta al leer en *El Comercio* y en *La Prensa* que había regresado al país, ya jubilado, Francesco Giuseppe Granda, y cuando se le preguntó por su gran carrera como tenor, respondió que todo lo que había sido él se lo debía a don Francesco Giuseppe Bryce. En fin, resultó que todo lo dicho por el gran tenor Granda concordaba perfectamente con lo que había contado mi padre en las reuniones familiares. Aunque la verdad sea dicha, qué mayor prueba de que todo lo contado por mi padre era cierto que su enorme colección de discos de ópera y aquellas maravillosas serenatas que cantaba en la ducha para deleite de la familia Bryce Echenique.

LA SEÑORA ECHENIQUE DE BRYCE

Como el lector tal vez sepa, mi madre se casó muy joven con un hombre que tenía bastantes más años que ella. En efecto, ella tenía solo dieciocho años y mi padre rondaba los cincuenta. Eran tío y sobrina, y mientras que mi abuelo se apellidaba Echenique Bryce, mi abuela era Basombrío de Echenique y mi madre era Echenique Basombrío. Y, ahora que lo pienso, más tenía que ver mi padre con mi abuelo Echenique Bryce que con su hija, o sea con mi madre. Estos datos se deben sin duda a una suerte de parentesco que era muy frecuente al interior de mi familia, de tal manera que siempre un miembro de ella resultaba ser hermano, primo, tío o abuelo de otros. En verdad, mi familia era muy grande a pesar de que pocos de sus miembros llevaran tan solo cuatro o cinco apellidos comunes.

Si bien en un inicio mi madre fue una mujer muy enamorada de su marido navegante, aventurero y por último banquero, con el tiempo las cosas fueron variando, ya que ella maduró, y el carácter mítico de mi padre fue perdiendo la aureola con la que había regresado al Perú al cabo de un par de décadas como marino mercante. Además de todo resultó que él era también contador público y qué sé yo cuántas cosas más que fue aprendiendo por correspondencia en los mares por los que le dio muchas vueltas al mundo. Su espíritu aventurero fue cambiando hasta convertirse en un hombre entrañable y un muy buen padre de familia.

Pero me toca ahora hablar de mi madre, con quien tuve una relación incluso mejor que la que tuve con mi padre. Ella era lectora, muy lectora, y en su excelente francés hizo de Proust su escritor favorito y el que motivó, al mismo tiempo, su primer viaje a Europa, estando yo ya ahí. Nunca olvidaré, por ejemplo, la mañana de invierno aquella en que un amigo nos llevó a la mismísima casa de Proust donde ella se lució narrando de paporreta capítulos enteros de *En busca del tiempo perdido,* mientras que los demás nos moríamos de frío en aquella casa muy húmeda y sin calefacción alguna. Otro día nos embarcamos en el llamado Tren Azul, de una exquisita elegancia y que nos llevó hasta la Costa Azul. Allí nos esperaba Hernando Cortés, un gran amigo mío que era cualquier cosa menos un proustiano.

Hernando era marxista y no cesaba en su afán de darnos una visión revolucionaria del mundo, que no dejó de irritar a mi madre, inmersa todavía en la obra de Marcel Proust. No recuerdo ya la enfermedad que padecía mi amigo Hernando Cortés pero, en cambio, sí recuerdo muy bien que debía mantenerse siempre en la sombra, mientras mi mamá insistía en ir por el soleado malecón. Pero entre una cosa y otra Hernando y mi mamá terminaron haciéndose muy amigos e incluso recuerdo que ella le pagó el viaje de regreso al Perú, que tenía un precio imposible de alcanzar para Hernando, pero que él tenía urgencia de hacer por su enfermedad.

Finalmente volvimos a París, donde nos esperaba Maggie, mi primera esposa. Con mi mamá y con Maggie recorrimos media Europa, desde París hasta Barcelona, Roma y

Venecia. Durante todo este viaje mi mamá no cesó de regalarle ropa muy fina y bonita a Maggie, a quien quería muchísimo.

Una anécdota que Maggie recordará es que todavía en Lima y en casa de mis padres ella se quejó de que mi madre me hubiera alentado, beca mediante, en mi empeño por viajar a Europa. No pasó mucho tiempo antes de que mi mamá, que tenía espléndidas relaciones en la Alianza Francesa y en la embajada de Francia, le consiguiera una beca a París también a Maggie.

En fin, los días y las semanas transcurrieron y Maggie llegó a París con la beca del gobierno francés, que en este caso era para estudiar Cooperativismo. Lo primero que habría que decir para hablar de Maggie es lo beata que seguía siendo, y que casi todas las mañanas tuve que llevarla a misa y a la comunión, aunque con los meses y los años fue pasando de forma cabal del catolicismo más ferviente al marxismo-leninismo más intransigente. Realmente mi madre tuvo que armarse de paciencia ideológica para soportar un fanatismo cada vez más pesado y ciego de parte de Maggie. Resumiendo, pasó el tiempo, mi madre regresó al Perú, y Maggie se empeñó entonces en casarse conmigo. Me negué todo lo que pude a esa boda parisina, pero la llantina de Maggie terminó con mi resistencia y nos casamos una mañana de invierno en que ella apareció en la alcaldía de la municipalidad del barrio con un abrigo muy elegante y bonito que resultó ser también regalo de mi mamá antes de marcharse de París. Aquella ceremonia era solamente civil y masiva, y el alcalde se apoderó del micro para decirnos cuáles eran los deberes de un matrimonio. Recuerdo también que nos dijo a todas las parejas que contraíamos matrimonio que nuestro camino iba a ser largo, no siempre color de rosas, sobre todo. No, no, dijo el alcalde, mirando a unos viejos, para ustedes, eso sí, este matrimonio será más corto. La ceremonia terminó con las últimas palabras del alcalde del barrio, pero los recién casados nos quedamos todavía un rato firmando los documentos de ley. Después, en la Place du Panthéon, que es donde quedaba la alcaldía del distrito V, saludamos a los amigos invitados a la fiesta que iba a tener lugar en un restaurante chino que quedaba muy cerca. Mis invitados eran Martin Hancock, mi gran amigo inglés, Enrique Álvarez de Manzaneda, español de Oviedo, cuya única obligación era la de cortarme el pelo una vez al mes; además de chinos, vietnamitas, sicilianos, españoles y otros inmigrantes que formaban parte de los habitantes del techo del edificio en que vivía yo por entonces. Por el lado de Maggie, los invitados eran en su mayor parte mujeres que vivían como ella en una residencia de estudiantes para señoritas y alguna que otra gran amiga peruana, como la pintora Julia Navarrete.

Pronto nos regalaron muchas fotografías de aquella alegre boda china y de la ceremonia civil que había tenido lugar en la municipalidad del barrio.

Pero algo que nos pasó a Maggie y a mí cuando llegaron a Lima las fotografías que mandamos del matrimonio en la alcaldía fue que su madre no vio un cura ni un sacristán siquiera, lo cual probaba que la boda había sido tan solo civil. Muchos hermanos y demás parientes de Maggie nos enviaron cartas que eran verdaderas reprimendas, y entre las cuales la más divertida de todas fue una que llevaba el nombre de Maggie, la dirección y muy bien subrayadas las palabras «A la prostituta de Occidente».

Pero volviendo al tema de mi madre, creo que ya es hora de hablar de ella y de contar la verdadera entrega y pasión con que asumió la educación casera de mi hermano mayor, a quien todos en casa llamábamos Paquito, y que era sordomudo, epiléptico y que un día, encima de todo, despertó ciego a los cincuenta años. Mi madre se entregó a él con verdadera pasión, y aún la recuerdo cuando después de almuerzo se sentaba con Paquito en el cuarto de estudios que había en la casa y hojeaban juntos, incesantes, la revista *Life* en inglés y llena de fotos, que le permitían a mi mamá enseñarle a escribir y leer, cosas que a mi hermano Paquito le costaban una gran dificultad, aunque nunca cejara de esforzarse. También recuerdo que cuando en la mesa del comedor Paquito empezaba a temblar ligeramente, mi mamá antes que nadie se daba cuenta de lo que iba a pasar y nos decía:

—No lo miren, no lo miren, porque está punto de darle el ataque de epilepsia.

Pero pasara lo que pasara, terminados el almuerzo o la comida, se dedicaba como siempre a sus clases con la revista *Life*. Y mi madre logró con mucho tiempo y paciencia que Paquito aprendiera a escribir, aunque fuera utilizando tan solamente los verbos en infinitivo. Le compraba unos cuadernillos donde el propio Paquito escribía todo lo que se le pasara por la cabeza. En fin, con infinitivos o sin infinitivos, con tartamudeos o sin ellos, mi madre logró lo que los médicos no habían logrado en Estados Unidos, donde Paquito pasó siete años de su vida y de donde volvió ya no mudo sino tartamudo.

Lo cierto es que mi madre tuvo que lidiar con todo esto hasta su muerte a los noventa y cinco años de edad, aunque por supuesto la ayuda de mis hermanas no le faltó nunca. Como no faltó nunca, tampoco, un tío que dijo ante el sepulcro del gran Paquito que era el único mudo del mundo en el que sus padres gastaron fortunas en enseñarle a hablar. En fin, que Paquito fue el único mudo tartamudo gracias a la total dedicación de mi madre.

LO MEJOR SON LOS CUÑADOS

En mi familia, definitivamente, lo mejor fueron los cuñados. Y este texto puede leerse muy bien como un homenaje a ellos. Fueron dos, Nelson Bértoli y Francisco Igartua, o sea Paco Igartua, connotado periodista, fundador de las revistas *Caretas* y *Oiga,* hombre generoso, si los hay, y gran conchudo, también, si los hay.

Empezaré por Nelson Bértoli Castagneto, esposo de Elena, la menor de mis hermanas. Eran adolescentes cuando se conocieron, y años más tarde se casarían hasta quemar el último cartucho. Fue querido y adorado en mi familia. Era también endemoniado con mi hermana. Era un hombre bajo pero que crecía siempre ante la adversidad y se enfurecía cuando era víctima de los celos, motivo por el cual mi papá, que como toda mi familia lo quiso muchísimo, lo bautizó con el apodo de El Acorazado de Bolsillo. Era también hombre de pelo en pecho, y tendría apenas diecisiete años cuando, por ejemplo, un día, al volver de la playa La Herradura, mi mamá, como siempre, lo invitó a almorzar. Había tenido un pleito con Elena y le salió con eso de «la sartén no está para bollos, señora». No pudimos evitar matarnos de risa. Era ingeniero y su primer empleo fue en la International Petroleum Company, donde fue destacado primero a la selva, donde vigilaría la construcción del oleoducto que llevaría petróleo hasta Paita, en la costa norte del Perú. Mi hermana llevaba con él una vida plácida, llena de cariño, y aceptaba feliz que un día cualquiera Nelson le mandara un mono, por ejemplo, para la casa, y así después hubo loro, perro y gato. Hasta el día de hoy viven el loro y una tortuga. De la selva pasaron a otros campamentos, siempre de la International Petroleum Company y situados en el norte del Perú, en El Alto, primero, y en Talara, después, no muy lejos de la frontera con el Ecuador.

Era rabiosamente celoso. A mi hermana Elena le regalaron, en una ocasión, un pasaje a Europa. Tras aterrizar en Luxemburgo, debía tomar un tren a Madrid, pero Elena se equivocó y terminó en París, desde donde me llamó desesperada. Partió pronto de París hacia Madrid gracias a la asistencia que le brindó mi gran amiga Cecilia Hare. La acogí en mi departamento madrileño, y al día siguiente partió en un autocar rumbo a Lisboa, donde engancharía con el tour que había contratado. Pero por un impase fronterizo fue detenida y desde ahí me llamó llorando nuevamente, pues había perdido definitivamente el tour. Le dije a mi hermana que volviera inmediatamente a Madrid, donde la esperaríamos yo y unos grandes amigos, Marisa y Pepe Villaescusa, que no tardaban en viajar por toda España y Portugal y estaban dispuestos a invitarla y a pasearla por estos países. Ya en Madrid y conociendo a mi cuñado, le dije a Elena que llamara a Nelson y le contara que todo iba muy bien y que la habían invitado unos amigos míos a pasear por Europa. Nelson tuvo un ataque de celos y de rabia y le envió un pasaje para que regresara de inmediato a Lima, pero, cosa curiosa, era un pasaje con retorno a Madrid. Sin duda lo hizo por celos, por puros celos. Después Nelson mismo se dio cuenta de la barbaridad que había hecho de llamar a su esposa para que regresase de inmediato a Lima –pero con retorno a Madrid–. Tiempo después le recordé este episodio a Nelson, quien se disculpó con una buena carcajada y me dijo que qué otra cosa podía haber hecho en vista de que se le habían escapado el perro, la lora y el mono de la casa.

Paco Igartua, mi otro cuñado, fue la fierecilla domada. Era un gran tarambana, un gran bohemio, y su pasado era legendario. Hijo de inmigrantes vascos y catalanes, sus padres no se adaptaron al clima húmedo y gris de Lima y se fueron a vivir en un paraje llamado Aija, en los Andes centrales del Perú. Ahí contrajeron la uta y murieron. Con la ayuda de Dios, los hijos llegaron a Lima. Hablaban quechua y recuerdo, por ejemplo, que al hermano de Paco lo apodaban Yaco, que quiere decir «agua» en castellano. Llegaron a Lima con una hermana que ahora vive en Fano y tiene más de noventa años. Una segunda hermana, la Nena, fue monja y falleció en Lima hace ya tiempo.

Lo cierto es que Paco, mi cuñado, fue a dar a un convento de clausura en Santiago de Chile, donde no se tenía noción del mundo exterior. Era encargado, entre otras cosas, del refectorio y, según me contó él mismo, su vocación por el periodismo nació en este lugar. Un día como cualquiera, debido a un agudo dolor de muelas fue a dar al consultorio de un dentista, y cuando bajaba por un ascensor, en una de las paradas entró la señora Doris Gibson, quien al verlo con su sotana y todo dijo: «Qué curita tan rico.» Poco tiempo después Paco, que había sentido una tremenda inquietud al recibir unos huevos envueltos en papel periódico y que al abrir el paquete leyó en una página: «Terminó la Segunda Guerra Mundial», decidió escaparse del convento y regresar a Lima. La verdad no recuerdo cómo fue, pero lo cierto es que empezó una larga relación con Doris Gibson, mujer guapísima, muy inteligente y muy avanzada para su tiempo. Recuerdo que siendo ella ya mayor y yo un estudiante universitario, me sentaba todos los días en un café llamado Dominó, en las Galerías Boza, en el centro de Lima, y veía pasar, bellísima, a Doris Gibson. En fin, la señora Doris y Paco fueron amantes durante algunos años y juntos fundaron la revista *Caretas,* que se llamó así para emular una revista bonaerense llamada *Caras y Caretas,* aunque en el Perú esa revista solo se podía llamar *Caretas* por la terrible censura dictatorial que imperaba en el país por aquellos años.

Con el tiempo la relación entre la señora Doris Gibson y Paco llegó a su fin, sobre todo por la gran diferencia de edades. Mi cuñado abrió inmediatamente después un semanario llamado *Oiga* y es en esa época que conoció a mi hermana Clementina, con quien formó un hogar. Paco fue deportado por el dictador militar Juan Velasco Alvarado y dirigió en México una revista llamada *El Sol de México.* Ahí permaneció diez años, al cabo de los cuales retornó a Lima. Solo por contar un detalle que retrata al entrañable Paco Igartua y al gran hombre que fue Enrique Zileri, contaré que desde la revista *Caretas* y la revista *Oiga* llegaron a acusarse de todo y que, alguna vez, en un restaurante llamado La Pizzería, en la avenida Diagonal, de Miraflores, entré con Paco y Clementina. Grande fue nuestra sorpresa cuando nos topamos con Enrique Zileri. Temí que Paco y Enrique se agarraran a trompadas, pero fue todo lo contrario, se abrazaron muy afectuosamente.

Un último detalle: en la avenida Arenales, por aquellos años, en el restaurante llamado Karamanduka, de la señora Piedad de la Jara, no bien uno entraba se topaba con un gran óleo que retrataba a Doris Gibson y Paco. Las fiereci-llas domadas que eran Clementina y Paco le pidieron a la señora De la Jara que retirara el cuadro de inmediato. Yo alcancé a ver aquel cuadro poco antes de que fuera descol-gado.

LA PUNTA, MADRE

Si algo me ha llamado la atención en mi vida es la paz
y serenidad que caracterizan a este balneario. Parece mentira que siendo la playa del Callao lugar violento y peligro-
so, si los hay, La Punta es, en cambio, un remanso de paz.
No solo es un lugar tranquilo como pocos, sino que allí no
hay ni un policía en la calle, no hay vigilancia alguna y la
paz de sus playas es realmente sorprendente. Yo sé que algún día volveré definitivamente a este balneario hermoso y
quieto, pues tengo ya decidido que al morir mis cenizas se
repartirán en las olas calmas del balneario de Cantolao,
que es la primera playa en que me bañe en mi infancia.

Mi abuelo materno tuvo una casa hermosa y apacible
que, curiosamente, en nada se parecía a lo que se llama una
casa de playa. Solo un vitral muy grande y colorido, en
cuyo centro había un gran galeón, iluminaba la sala y la
escalera que llevaba a los altos, donde estaban los dormitorios forrados en madera como los camarotes de un barco.
Ser un niño en La Punta era una delicia en la que el silencio era lo normal, salvo por las noches en que pasaba algún
vendedor ambulante voceando sus golosinas y pasaba, además, el borrachito Iglesias, que en sus horas de sobriedad

enceraba el piso de muchas casas como la de mi abuelo. La canción que entonó siempre en las noches al pasar, y cuya letra coreaba incesante, decía:

> Cuando era niño
> Nunca lo olvido
> Yo sentadito en un sofá...

También recuerdo a mi madre cantando en su baño, y con la ventana abierta que daba al jardín, una canción que años después la escuché cantar a Rita Hayworth en su afamada película *Gilda*:

> *Amado mío*
> *love me forever*
> *and let forever*
> *begin tonight...*

Otro recuerdo que se remonta a esa niñez es el de una mecedora en un rincón de la sala y un atril en el que mi abuelo ponía el diario *El Comercio* para luego pasar sus páginas con una pinza y evitar así tocar el papel hoja por hoja.

El comedor daba a un gran patio y en el medio había un árbol. Yo era un niño de seis o siete años y miraba con pavor los geranios que bordeaban el patio porque en ellos había telas de unas arañas de gran tamaño y de una mezcla de colores negro y amarillo que me aterraban. Ahora recuerdo también que a cada lado del patio de la entrada a la casona había un hermoso rosal.

Por las mañanas mi abuelo bajaba con un albornoz de rayas azules y blancas, con unas zapatillas de lona, y se dirigía a una de las muchas glorietas que había en el malecón.

El viejo era el hombre más flaco que yo he visto en mi vida y cada mañana se metía al mar, se hundía en el agua y empezaba a nadar muy correctamente entre los tumbos, como se les llamaba, y que eran una especie de olas que no reventaban, y que se perdían al borde de la playa de piedras, hasta el lugar en que se hallaban anclados dos barcos de guerra, el *Grau* y el *Bolognesi*. Yo lo esperaba en la orilla, lo acompañaba a la glorieta y me quedaba lelo observando su delgadez.

—Qué miras —me dijo un día el abuelo, mientras recogía su albornoz y se disponía a caminar de regreso a la casona.

Y así, mañana a mañana, acompañaba al abuelo en su camino de regreso.

Pero sucedió un día cualquiera en que yo no llegué a la casa con él. Un tipo de aspecto francamente desagradable se cruzó en mi camino, me agarró por el cuello y un brazo, me llevó hasta la orilla, al lado de un muelle, y allí empezó a hundirme y sacarme y hundirme nuevamente en el agua. Literalmente el tipo me estaba ahogando sin que yo pudiera hacer nada por defenderme. Me había cogido de los pelos y del cuello y no cesaba de hundirme, hundirme y hundirme. Felizmente alguien terminó por verlo y, al darse cuenta de lo que estaba ocurriendo, corrió en mi ayuda y el tipo salió disparado. Inútil perseguirlo, y el señor que me salvó la vida ni lo intentó. Se limitó a preguntarme dónde vivía y a acompañarme luego hasta la puerta de casa. Hoy solo recuerdo que aquel hombre de unos treinta o cuarenta años tenía un pescuezo que parecía el de un toro y unos inmensos rulos negros.

Pasaron unos años y cada verano se repetía el ritual, y el negro Santa Cruz nos mudaba cada año de Lima a La Punta, y en el camión llevaba incluso algunos muebles indispensables para pasar el verano. El negro Santa Cruz era el chofer encargado de las mudanzas del Banco Internacional del Perú, cuyo directorio presidía mi abuelo y del cual mi padre era director-gerente.

Y así transcurrieron algunos años más de veraneo familiar en La Punta. Y entre otros mil recuerdos destaca el de mi hermana mayor, Clementina, que tuvo un noviete llamado Papi del Motte, al que mi padre sacó a patadas de la casa, o aquel en que presencié el pleito de Eduardo, mi hermano mayor, con otro muchacho que llevaba un uniforme de aviador. Me sentí feliz al ver que el otro muchacho había pedido que se suspendiera la pelea y que todo terminara en paz. También recuerdo con pena el inquietante quejarse del abuelo de la presencia cada vez mayor de inmigrantes italianos que sin duda trabajaban en el puerto del Callao pero sus casas las construían en La Punta, donde pasaban todo el año, verano e invierno, y no como nosotros, que solo íbamos en verano. Uno de estos italianotes, que embotellaba y vendía nada menos que champán, se construyó un caserón frente a la casa del abuelo. Y así, un día el caserón ese amaneció con un cordón policial rodeando la vivienda y llevándose preso al dueño. ¿Qué había ocurrido? Pues nada menos que el champán del italianote había envenenado a todos los asistentes a un matrimonio.

«Este es el fin de La Punta», exclamó el abuelo indignadísimo y agitando uno de sus bastones. «La casa se vende y se acabaron los veraneos en La Punta.»

Pero para mí La Punta no ha dejado de ser nunca una atracción, un alegre viaje al pasado e incluso un lugar de veraneo que ha sobrevivido a las décadas que viví en Europa. Y así, cada año que regresé al Perú han sido siempre habituales las visitas a La Punta, los paseos por sus malecones, los almuerzos en un restaurante llamado La Rana Verde u otro llamado El Mirador. En los últimos años, cada verano alquilaba un formidable dúplex con amplia vista al mar. Como antaño, varias veces me mudé a La Punta en verano, decoré la casa a mi gusto, descolgué los horribles cuadros y adornos, los reemplacé por otros míos, y escribí diariamente después de mi caminata y mi baño en el mar del mismo malecón de mi infancia llamado Cantolao. Organicé almuerzos con amigos del colegio y tuve la suerte de conocer a personas que me invitaron a navegar en preciosos veleros, en algún yate en que llegué hasta Ancón, balneario que se puso de moda después de La Punta, pero en el que mi abuelo se negó a veranear hasta su muerte. Mi padre, que fue marino hasta los cuarenta años de edad, dejó el mar para siempre y escogió para sus viajes el mundo andino, en lugares como Tarma, Jauja y Huaychulo.

En La Punta he tenido la suerte de conocer a grandes personajes, como son mis amigos de la bodega-bar Casablanca, entre los cuales hay algunos particularmente afectuosos como Manolo Gabilondo el Califa, que fue marinero, el ya fallecido Juan Hell, que fue marino, el matrimonio Alfaro —mis queridos Betty y Federico—, y Chale Velarde, que fue torero en su juventud y acaba de invitarme a la próxima temporada taurina de Lima, precedida por un almuerzote en el Mesón de la plaza de Acho. Y ahora mismo acabo de recibir una llamada de mi gran amigo Luis Antonio Casassa, un italoperuano de La Punta, gran abogado. Qué habría pensado mi abuelo Echenique Bryce de una amistad tan grande como la que cultivo con un italiano de La Punta, madre.

Concluyo diciendo que según el alcalde Pío Salazar yo soy, con diploma y todo, ciudadano ilustre del balneario de La Punta, por mi pasado y por mi presente.

III. Libertad, lealtad, amistad

EL PROFESOR Y LA ABEJA

De mi profesor de Literatura en la Universidad de San Marcos, siendo yo aún un adolescente, aparte de su seriedad, sabiduría y rigor, lo que más recuerdo es que un día citó unos versos de Martín Adán que me maravillaron, y que yo le expresé mi deseo de conocer a un poeta tan extraordinario.

—Puede usted verlo en el cafetín de la esquina —me dijo—, ahora que salga de clases.

Lo que vi, por supuesto, fue una imagen patética, la misma imagen deleznable que mi padre tenía de los poetas y artistas, en general y en particular, ya que para él no había excepción alguna: escritores y artistas eran todos y cada uno la escoria, una tanda de zánganos, de vagos, de borrachos, de tuberculosos... Dispuesto a vengarme, regresé a la siguiente clase del doctor Alberto Escobar y, no bien subió al estrado en que estaba su pupitre, le dije:

—Doctor, cuando usted levanta la mano para citar algún ejemplo, me recuerda como dos gotas de agua a Dámaso Pérez Prado alzando el brazo para marcar el ritmo de un mambo y gritándole a su orquesta: «¡Uno!»

Mulato de pelo ensortijado y bigotito años cincuenta,

el doctor Escobar solo atinó a clavarme una mirada glacial. Volvió al análisis lingüístico de Wolfgang Kaiser y no nos dirigimos más la palabra hasta terminado el examen escrito de fin de año.

–Aquí tiene su prueba, Bryce –me dijo, y agregó–: Merece usted sin duda una nota más alta, pero no habría sido justo darle una calificación superior a la de sus compañeros, porque usted viene de los colegios privados más caros de este país y todo le resulta más fácil.

Definitivamente, el doctor Alberto Escobar y yo no parecíamos destinados a llevarnos bien jamás. Pero pasaron los años y su fama de gran maestro y políglota continuó creciendo. La gente lo citaba en universidades francesas, alemanas, italianas, norteamericanas; sus conferencias y publicaciones se discutían y traducían más y más. Y por supuesto que nunca faltaba un peruano para repetir lo que ya era una verdad reconocida en los años setenta:

–Es el hombre que más idiomas sabe en el Perú. El único que sabe sánscrito, por ejemplo.

–Cosa que a nadie le consta en el Perú, lógicamente –añadía yo, tremendo aguafiestas del orgullo patrio.

Nuestro reencuentro se produjo en 1976, en la ciudad de Grenoble, en Francia, donde él trabajaba entonces como profesor visitante y yo había llegado como equivocado visitante de la casa de Stendhal, el hombre que más odió su ciudad natal en el mundo (de los cien apodos que utilizó, ninguno le gustó tanto como «el milanés», que hizo escribir en el epitafio que preside su tumba). En realidad, yo había querido visitar la casa de Joyce, en Dublín, pero un tremendo error ferroviario en París dio con mis huesos en Grenoble, y, bueno..., puestos a visitar casas de grandes escritores...

Visité pues la casa de Stendhal y, ahí mismo, a la salida, reconocí a mi maestro limeño, al gran políglota, lo que en el Perú, digamos, a nadie le constaba...

Alberto Escobar ha sido uno de los amigos que más he admirado en mi vida y en verdad les digo que hablaba todos los idiomas que en el mundo han sido, por más que no me conste en absoluto. Pero la fatalidad –dicen– acompaña a los grandes peruanos a la tumba mucho antes de tiempo, siempre, convirtiéndolos muy frecuentemente en «el malogrado» futbolista, «el malogrado» músico, «el malogrado» maestro, y así. Son cosas que los peruanos aceptamos como grandes verdades, de la misma manera en que aceptamos que flojera o pereza nacional y desempleo endémico son sinónimos.

A Alberto, que había sufrido de una grave lesión renal desde niño y vivía con esa espada de Damocles, lo encontraron desmayado en la terraza de su casa de Grenoble. Al hospital ingresó en estado de coma, y días después, cuando recuperó la conciencia, había perdido el habla. Pero, claro, qué podía tener eso que ver con su viejo problema renal. Pasó semanas en el hospital, antes de que los médicos descubrieran que una abeja extraviada de una migración africana lo había picado venenosamente en la frente, comprometiéndole el cerebro, ahí donde tenía instalada su inmensa sabiduría políglota. Muy precisamente.

Alberto vivió cerca de veinte años más y entre sus sueños estuvo volver a hablar todos los idiomas y dictar unas conferencias en las que explicaba cómo aprendían a hablar los niños, en vista de que, como un niño cualquiera, él también había tenido que volver a hablar desde cero, pero con la memoria total de su bagaje cultural y científico. Muchas veces me reuní con él, en varias ciudades de Europa y en Lima, y en más de una oportunidad me aseguró que los niños aprendían a hablar, al menos el castellano,

97

gracias a la rima. Me contó, con creciente dificultad, que de esto se dio cuenta muy pronto. Su esposa se llamaba Mimí y ya en el hospital de Grenoble él se había dado cuenta de lo fácil que le resultaba decir: «Mimí, ven aquí.»

A partir de Mimí, el mundo todavía le resultaba ancho y ajeno, por supuesto.

CUATRO VECES ALLAN FRANCOVICH

Este es el caso en que se puede decir que a Allan Francovich lo conocí cuatro veces. También tendría que decir que el tal Allan era feo, horroroso en realidad, pero muy inquieto. Apareció un día en el colegio San Pablo, donde yo estudiaba, y llamó la atención por su cabeza en forma de palta. Venía proveniente de La Oroya y era hijo de un alto funcionario de la Cerro de Pasco Copper Corporation. También era tímido y de una inteligencia prodigiosa. Nos hicimos amigos muy pronto y como los fines de semana él los pasaba metido en el colegio, ya que la distancia entre La Oroya y Lima era demasiado grande para que él pudiera regresar, yo lo invité a quedarse en mi casa, donde fue muy bien recibido, aunque la verdad es que mi familia se quedó estupefacta al verlo lleno de muecas y tan nervioso. Rompió dos vasos y dos platos por su torpeza motora y, en realidad, todos lo encontraron francamente horroroso, lo cual no impidió que mis padres le tomaran cariño y lo invitaran a quedarse en casa cada vez que él quisiera. Porque el gran Allan también era muy simpático, aunque su timidez le impidiera comunicarse con el mundo. En verano, durante las vacaciones escolares, era él quien me invitaba a La Oroya, donde volví siempre, ya que sus padres eran encantadores y hacían lo indecible para que yo la pasara muy bien en casa de ellos. Pues precisamente en uno de esos largos desplazamientos míos a Mahr Túnel, resulta que Allan se había convertido de la noche a la mañana, según sus padres, en un cucufato de armas tomar. Y tanto que el apodo que le pusieron a Allan, allá en el campamento minero, fue San Agustín, de donde nació su segundo apodo que era «*Auggie*». Realmente Allan desaparecía por las noches y se las pasaba casi íntegras rezando. Su hermano menor James Allan, llamado al revés que él, era un tipo absolutamente normal y sereno. En fin, que no se parecía absolutamente en nada a su hermano mayor Allan James.

En uno de esos fines de semana los empleados de la empresa organizaron una gran fiesta de Año Nuevo, en que el alcohol fluyó en cantidades industriales, realmente, y el bailongo se prolongó hasta altas horas de la madrugada. Hubo show y todo, y los funcionarios gringos sacaron lo peor de ellos durante aquellos festejos. Lo peor de todo o lo más divertido, en cualquier caso, fue la aparición de Allan absolutamente ebrio y bailando con dos muchachitas en bikini que eran las responsables del show. A Allan se le dio por bailar con ellas y de pronto los presentes festejaron aquel terrible espectáculo en que él daba los pasos de baile más torpes que he visto en mi vida. Allan estaba borracho por completo y ni se enteró de la que se armó en aquel horrible festejo. Los ingenieros empezaron a bailar frenéticamente hasta que alguno de ellos decidió bailar con las dos jóvenes bailarinas, prácticamente desnudas, que se removían entre los invitados. También los ingenieros y empleados de la mina y sus esposas empezaron a bailar desenfrenadamente, y en pleno bailongo una señora horrorosa se apoderó de mí y más que invitarme a bailar me soltó estas palabras: «Tú no eres Frisancho, pero tampoco estás muy mal que digamos, pues el ingeniero Frisancho era un guapo del novecientos y ahí no había quien se resistiera a bailar con él.»

Mientras tanto la cosa fue degenerando hasta el punto de que algún tipejo de la empresa intentó besar a una de las bailarinas y eso fue el comienzo de un desenfreno absoluto, en que un gringo tras otro se mezclaba en el show e intentaba bailar con alguna de aquellas muchachitas. Pues un montón de ingenieros borrachos intentaron llevarse a las chicas aquellas y muy pronto se armó tremenda gresca y hubo que llamar a la policía para evitar algún crimen o algo por el estilo. Por supuesto que Allan no se enteraba de nada y seguía bailado ebrio en medio de esa turbamulta desenfrenada. La policía apareció finalmente y creo yo que les salvó la vida a esas chiquillas.

Aquello terminó con el padre de Allan sacando a su hijo de aquel entuerto y llevándonos a casa a tomarnos una última copa y a dormir.

Al día siguiente la familia Francovich en pleno y yo nos despertamos bastante tarde, y, pasado algún tiempo, el viejo Francovich apareció cantando: «*What a difference a day makes, twenty four little hours.*»

Trajo enseguida una gran fuente de huevos revueltos con tocino y sugirió que nos tomáramos un par de cervezas para cortarla. James Allan, que aún era demasiado chico para estos festejos, nos observaba sonriente mientras se tomaba una Coca-Cola.

Finalmente, la familia Francovich se fue del Perú y pasaron años sin verlos ni saber nada de ellos. Allan jamás respondió al par de cartas que le envié antes de dar por terminada aquella relación juvenil.

Algunos meses más tarde aprobé mis exámenes de ingreso a la Universidad de San Marcos y siete años después partí rumbo a París tras haberme graduado de abogado, una profesión que jamás ejercí.

Y aquí viene mi segundo encuentro con Allan Francovich al cabo de siete u ocho años. Fue en París cuando, recién llegado, fui al correo a enviarles una carta a mis padres contándoles de mi viaje y que andaba en busca de un departamento, y me encontré con Allan. Llevaba un abrigo inmenso y el pelo largo, y su aspecto total era el de un mendigo venido a menos, si esto existe. Llevaba también una bufanda que soltaba y apretaba una y otra vez como si se estuviera ahorcando. Finalmente encontramos un estudio para compartir en pleno Barrio Latino y nos instalamos. El estudio no tenía mueble alguno y Allan y yo nos pusimos de acuerdo para proveernos de dos camas, un par de mesas para trabajar y un estante para nuestros libros. Como Allan, que ya no era beato, no conocía a nadie en París, se pegó a mí como una lapa. Un día apareció con un canadiense enorme y que no paraba de hablar nunca. Su nombre era David Davenport, y la verdad nunca me enteré de lo que hacía en París ni de las razones que había tenido para venir a Francia. Era un tipo con una boca sonriente y sardónica pero que no lograba tomarse la vida en broma como aparentaba. Con el tiempo David pasó a ser un personaje demasiado frecuente en nuestras vidas, y un día en que estábamos solos él y yo, me contó que Allan le había hecho saber que yo procedía de una familia millonaria y de extrema derecha en el Perú, por lo que el tal Davenport empezó a mirarme de arriba abajo. Aquel era un mundo en el que Jean-Paul Sartre reinaba y en el que constantemente participaba en manifestaciones contra algo. Y este algo tenía siempre que ver con el imperialismo yanqui y la guerra de Vietnam. Todavía puedo ver a Francovich en el metro de París. Viajaba siempre de pie y ahorcándose a sí mismo con su bufanda. Lo puedo ver, también, en casa de unos amigos peruanos, Marcela y Enrique Ciriani, mientras agitaba una hoja de lechuga y la usaba de pañuelo al bailar pésimo una marinera.

Compartir un estudio con Allan era cosa seria e incluso a veces penosa, como aquella vez en que lavando en la tina nuestra ropa interior la mezcló con algo rojo que se destiñó bárbaramente y nos dejó a los dos con ropa interior rosada. En otra oportunidad dejó nuestra ropa en una lavandería cercana y cuando la recogió nos dimos con la sorpresa de que la ropa se había encogido hasta el punto que quedó inservible. Había olvidado indicar que la lavaran con agua fría, con lo cual un jersey mío de lana quedó reducido a su mínima expresión y de regreso a casa tuve que botarlo.

Allan estudiaba teatro en La Sorbona, y de ahí volvió una noche con una preciosa chica llamada Carol Johnson, que estudiaba Filosofía y parecía no darse cuenta de todas las muecas y tics que tenía mi compañero. Increíblemente Carol Johnson se ganaba la vida bailando a la perfección, en reuniones de gente muy adinerada, la danza de los siete velos. Su lindo cuerpo se contorneaba mientras giraba y giraba sin que Allan casi ni se enterara de nada.

En nuestro estudio ambos dormían en una sola cama y más de una vez llegué mientras estaban haciendo el amor, y la habitación olía fuertemente a semen. Llegado el verano, Carol y Allan decidieron ir a Venecia mientras que yo partía rumbo a Perugia, también en Italia. Al regresar me encontré con mi baúl entreabierto y mis libros tirados por todas partes en un desorden total. Era evidente que Allan se había ido con Carol, tal vez a los Estados Unidos. Pero no era así, desafortunadamente. Según me enteré por un amigo común, estudiante también, Carol había desapare-

103

cido y Allan estaba tan mal que no era imposible que se hubiera suicidado. Yo no tenía su dirección ni la de sus padres, en los Estados Unidos, o sea que pensé con tristeza que no vería más a mi querido amigo.

En esta reencarnación en París, Allan Francovich se había transformado en un ateo de marca mayor, según me enteré por Ray Poirier, un amigo común al que había conocido en La Sorbona, donde estudiábamos Literatura Francesa. Ray y yo salíamos siempre juntos de la clase y cenábamos en un restaurante universitario que quedaba muy cerca de nuestra facultad. Después íbamos a menudo al cine en la rue Champollion, donde estaban situados los cines más chiquitos y baratos de Francia, creo yo. En esos minicines uno podía ver películas provenientes del mundo entero, grandes clásicos en blanco y negro como *Citizen Kane,* del genial Orson Welles.

La gran sorpresa fue encontrarme con Carol Johnson, una tarde, en el Barrio Latino. Llevaba el maletín con su ropa de trabajo, como le llamaba ella, y que no era otra cosa que el atuendo de sus siete velos. La verdad es que Carol realmente se transformaba al bailar y se convertía en una odalisca de pies desnudos, ajena al público que la aplaudía a rabiar. De ahí salimos bien tarde y nos sentamos en un bistró a tomar una copa de vino. Al despedirme, olvidé preguntarle su dirección y teléfono, lo cual fue una pena. No la vi más.

En cambio, al que sí volví a ver algunos años después es a Allan Francovich. A Ray Poirier se le había olvidado por completo contarme que Allan vivía en Berkeley y nada lejos de su casa. Volver a ver a Allan en su nueva reencarnación fue toda una sorpresa. Estaba gordo, muy gordo, con el pelo largo, y no paraba de echarse para atrás con una mano las mechas que le colgaban por la cara. Su nueva pasión era ahora el cine *underground* y ya había hecho un cortometraje sobre las películas de este género. Noté que Allan bebía demasiado, y verlo así, desarrapado, realmente me dio mucha pena, pero al Allan Francovich de ahora lo único que le interesaba en la vida era ver cine y más cine. Nada más parecía interesarle, y cuando le pregunté por sus padres apenas logró decirme que probablemente estaban bien pero que más no sabía. Lo que era su nueva pasión aquella vez era hacer una película llamada *The Company Inside,* que estaría basada en un súper bestseller escrito por un exagente de la CIA. Estaba casado con Katherine Weaver, una joven profesora de Filosofía muy simpática, muy inteligente y sin duda dotada de una paciencia de santa para poder cargar con el peso pesado de Allan, encima de todo.

Yo en ese entonces disfrutaba de una beca de la Fundación Guggenheim para escribir un nuevo libro, que ya tenía el título de *Un mundo para Julius.* Aunque la verdad es que en aquel par de meses que pasé en Berkeley me comí una buena parte de la beca invitando a Ray y a su joven y linda esposa Anne a un restaurante tras otro. Por ellos me enteré de que Allan andaba contando a los cuatro vientos que yo era un oligarca de extrema derecha y que si algo me gustaba en la vida era leer y releer al novelista francés Louis Ferdinand Céline, que además de todo había sido pronazi. Allan Francovich, con su fanatismo habitual, no me hizo el menor caso cuando le conté que Céline era, además de todo, médico y que atendía en su consultorio a niños pobres judíos. No debo olvidar, eso sí, que años después vi en la televisión española una película o más bien el documental que había realizado Allan basado en *The Company Inside,* el libro del exagente de la CIA. Su proyección duraba cuatro horas en total, por lo que se pasó a lo largo de cuatro días. Era excelente.

Entonces pensé en el desmesurado amigo que nuevamente había desaparecido para siempre, como creí las veces anteriores. Pero cuál no sería mi sorpresa cuando estando yo en Cuba me tropecé con él en La Habana, y nada menos que intentando filmar el Ministerio del Interior, ahora que se había reencarnado en un procastrista. Milagrosamente esta vez sí que me dio su número de teléfono, cuando le di el mío, y le conté que yo era profesor en la escuela de cine de San Antonio de los Baños, que patrocinaba la Fundación García Márquez. La verdad es que yo estaba deseoso de volverlo a ver, cuando fue él quien me llamó porque se había metido en un buen lío. Lo habían encontrado en plena filmación del Ministerio del Interior, y se lo habían llevado a una comisaría, y lo habían metido en un calabozo. Gracias a Dios que yo, a través de García Márquez, podía pedir que lo sacaran, sobre todo porque Gabo me había presentado ya a Fidel Castro, a quien conocí en un yate navegando por los cayos. Intercedí por Allan y a todos en el yate les dio mucha risa enterarse del lío en que se había metido mi amigo. Ya yo le había contado a Fidel que Allan había hecho una película sobre la CIA, cosa que sí que le interesó. En fin, que al volver a tierra lo primero que hice fue dirigirme a la comisaría en que habían encerrado a mi amigo. Allan me adoró en aquella ocasión, pues creyó que yo era «fidelista» y que además de todo navegaba con el comandante en jefe y con el gran García Márquez, Gabo para sus amigos. Para Allan yo me convertí de la noche a la mañana en un valeroso *compañero*.

Tiempo después, y ya de regreso en París, me enteré por Katherine Weaver de que Allan había fallecido muy joven, a los cuarenta y ocho años, si mal no recuerdo.

También en París, pero años más tarde, me enteré de que los padres de Allan se habían divorciado y que, así como el padre de Allan se había reencarnado en profesor de chicanos muy pobres en Texas, en una pequeña localidad llamada Helotes, la madre de Allan se había dedicado a viajar por Europa, gastándose una fortuna en cada lugar que pisó. Un milagro fue que yo volviera a ver a Dolly en París. La invité a cenar a mi casa con algunos amigos más, y Dolly se apareció convertida casi en un árbol de Navidad. Le sobraban las esmeraldas y todo lo encontraba *wonderful*, gracias a Dios. Nadie se podía creer que todas esas esmeraldas que le colgaban por todas partes fueran reales, tan reales como los esparadrapos en los que envolvía sus dedos para evitar hacerse añicos los pulgares y otros dedos más con sus propias uñas.

LOS GORDOS

Llegaron de Granada, donde ella había estado estudiando guitarra flamenca, que él acompañaba con un cante jondo de calidad. Venían recomendados por Luis, un hermano de Antonio Linares, un gran amigo malagueño de Maggie y mío. Los habíamos conocido una noche de 1968 en casa de Antonio y Mercedes Linares. Ella se llamaba Joan y era purito California, con sus playas y su sol. Tenía un pelo rubio y lacio y en su cara de gringuita, que solo malograban unos anteojos gruesos, siempre había una sonrisa y sus palabras eran cálidas y su voz era ronquita y el mundo se alegraba cuando tocaba la guitarra y Ángel, su esposo, la acompañaba con su acento andaluz.

Ángel era gordo y almeriense, un pícaro de cuenta que para todo tenía una rápida respuesta, tan aguda e inteligente como descriptiva. Por ejemplo, una vez alguien lo apuntó con dos dedos, y Ángel le soltó: «Joder, tío, hasta en las manos te salen cuernos.»

Rápidamente los Berenguer, Joan y Ángel, pasaron de ser los gordos a llamarse sencillamente por su nombre de pila. Aquella fue una amistad a primera vista, y la tierra de Ángel se convirtió en una parada obligatoria de nuestros vagabundeos veraniegos por España. Por aquella época, la Madre Patria era lo más barato que había en Europa, y Almería era también lo más barato que había en la Madre Patria. Por aquellos años, Maggie y yo solíamos pasar los meses de verano paseando por toda España y alojándonos en las pensiones más baratas del mundo. Yo juraría que fue un verano del 68 cuando se casaron Ángel y Joan, un mes de agosto, en Almería, y allá fuimos a dar los cuatro amigos de París, o sea, los Linares, Mercedes y Antonio, Maggie, que aún no era mi esposa, y yo. Los Linares llegaron de Málaga, de donde era natural Antonio. Mercedes, su esposa, era de Gerona, en Cataluña.

El loco de Ángel llegaba con todo tipo de regalitos, muchas veces pericoteados de alguna tienda parisina. La verdad es que no sé cómo un año logró meterse en los bolsillos del saco y el pantalón una buena docena de muestras de perfumes que encontró en las Galerías Lafayette, de París. Al llegar a Almería reunió los frasquitos de perfumes en una cajita y se los entregó a su madre y a sus hermanas, ya que perfumarse no era cosa de machos en la Almería de aquellos años. Horror de horrores, las chicas fueron descubriendo una tras otra que aquellos frasquitos no contenían más que agua coloreada y ni siquiera bendita.

El mundo de Almería y la familia de Ángel se merecía un pintor de la talla de Fernando Botero, el colombiano que pinta gordas y gordos. La madre era tan afectuosa como inmensa y un pisotón de ella sí que te rompía hasta el último hueso de los dedos del pie. Su pasión era la santa Iglesia católica y Dios sabe cómo se las arreglaba para llegar a una iglesia y dejar chorrear toda su devoción ante un altar. El padre de Ángel, cuyo nombre era también Ángel, era un gordo no tan gordo como su esposa, y tenía en los bajos de la casa una pastelería llamada La Flor y Nata. Las

109

noches las pasábamos unas tras otras en un lugar llamado El Alcazaba, que quedaba en lo alto de una colina y entre una tupida arboleda. Ahí cantaban juntos ante un público entendido y beato los más grandes *cantaores* de la época, y de los cuales he conservado discos de todo tipo y tamaño. Recuerdo las noches flamencas, el verde de los cipreses y letras como la que dice:

> Arrecógete un poquito,
> verdolaga, no te extiendas tanto
> que la huerta no es tan grande
> ni el hortelano es tan rico.

Quien cantaba esta copla a las mil maravillas era Antonio Ranchal y Álvarez de Sotomayor, conocido como el aristócrata del cante flamenco, y tan aristócrata era el tal Ranchal, que al final de la noche no salía con sus compañeros de cante al fin de fiesta en que terminaban esas noches andaluzas, ahí en Almería, en la España más profunda.

La otra copla que he retenido en mi memoria, que cantaba Fosforito, dice así:

> Azules rejas y cortinas verdes,
> estaban dos amantes
> dándose quejas y se decían
> que solo con la muerte se olvidarían.
> Eso no es cierto, eso no es cierto,
> pues tú me has olvidado
> y no te has muerto.

En el Alcazaba escuché también a Antonio de Mairena, Jacinto de Almadén, Manolo Caracol, Porrina de Badajoz, Bernardo el de los Lobitos y Pepe el de la Matrona.

Por las mañanas íbamos diariamente a la playa y recuerdo un incidente en el cual solo la ayuda de Joan y de Maggie evitó que las cosas llegaran a mayores. Caminábamos tranquilamente por el borde del mar cuando nos cruzamos con el célebre guitarrista Paco de Lucía, que iba acompañado por un hombre alto y muy corpulento. De golpe empezaron a piropear a nuestras chicas. Los tipos eran tan altos como fortachones y a Ángel y a mí solo nos quedaba responderles a ese par de imbéciles, y estaba a punto de estallar la gran gresca cuando nuestras chicas, guapísimas, les arrojaron arena al tal Paco de Lucía y al grandullón de su amigote.

Las corridas de toros de Almería congregaban a los más grandes matadores de aquellos tiempos, entre los cuales estaba El Cordobés, osado como pocos y que despertaba muy encontradas opiniones, y que terminaba sus faenas con los pelos en la cara y bañado en sudor. El mundo del toreo se dividía entonces entre los devotos del Cordobés y los del maestro de maestros Antonio Ordóñez, quien al terminar sus faenas y entre los aplausos de los aficionados se pasaba las manos sobre la cabeza como quien dice: Miren, no se me ha movido ni un pelo.

Déjenme contarles, para terminar, el matrimonio de Joan y Ángel Berenguer, un soleado verano a inicios de la década del setenta. Para empezar, el padre de Ángel, el gordo pastelero, me llevó a un lado y me interrogó. Preguntó si yo era casado, y dónde estaba mi anillo de bodas. Le tapé la boca cuando le respondí que Maggie y yo nos habíamos casado en París, y nada menos que en la catedral de Notre Dame. El catolicismo de la familia Berenguer era tan profundo que Ángel y Joan, que vivían en París, juntos, a escondidas de la familia de él, la noche anterior a la boda tuvieron que dormir en dos habitaciones distintas. Los Linares eran casados de verdad, o sea que rápidamente aprobaron el examen.

Aquella boda religiosa, por supuesto, fue inolvidable para mí. En la terraza de los Berenguer se bailaba y se cantaba a todo meter y entre los increíbles personajes había uno que era el carcelero de Córdoba, y así se presentaba. Era novio de María del Mar, la mayor de las chicas Berenguer. Yo me pasé la noche parloteando con una adolescente llamada Paquita o Francisquita, no recuerdo bien, lo que no he olvidado nunca es lo bonita que era, lo alegre y lo sensitiva. Años después le pregunté a Ángel qué había sido de la vida de Paquita. Pues resultó que la linda Paquita no tuvo un final feliz y aquí dejo esta historia, como dejo Almería. A Joan y a Ángel los veo cuando paso por París, ya son abuelos, como todos los personajes de este capítulo de mi vida, menos yo.

EL FIN DE ALGO

Yo debía tener unos catorce años y andaba bastante perdido, por decir lo menos. Me habían expulsado de un colegio y al final de aquel verano iba a partir a uno nuevo, llamado San Pablo, y que quedaba en el camino a Chosica, en un lugar llamado Los Ángeles, en la carretera Central, que llevaba hacia ciudades como Tarma, Jauja o Huancayo, es decir, en las alturas de los Andes, en las serranías del Perú. Atrás quedarían los años pasados en los colegios del Inmaculado Corazón y Santa María, donde había transcurrido toda mi infancia. En el verano íbamos siempre a las playas de Lima y a las piscinas del Country Club. Por las mañanas, en efecto, iba con mi madre y mis hermanos a la playa de La Herradura y por las tardes a la piscina del Country Club. La casa en que vivía quedaba en un barrio nuevo, muy nuevo, en el que no conocía a nadie, salvo a un muchacho llamado Esteban Quispe, que resulta que era practicante de jiu-jitsu. Esteban vivía en un corralón, a tres o cuatro cuadras de mi casa, y ahora no recuerdo ni cómo lo conocí. La gran ambición de Esteban era convertirse en un luchador de jiu-jitsu y viajar a los Estados Unidos. Esteban había intentado ser sacerdote en la iglesia de San Felipe, en San Isidro, donde durante la misa servía como monaguillo muy a menudo. Pero el párroco de aquella iglesia, apellidado Weber, le dijo que por su «condición racial» no podría ser sacerdote, ni siquiera hermano. Debía limitarse a ser sacristán y a atender la misa todos los días. En efecto, esto fue lo que me contó el propio Esteban Quispe, sin rencor alguno, pero eso sí con la decisión muy firme de abandonar la iglesia porque los curas de San Felipe eran unos cabrones con los que no quería volver a tener nada que ver, y su decisión estaba ya tomada. Continuaría dedicado al jiu-jitsu y juntando la plata para viajar a Miami.

Mientras tanto transcurrían las semanas y los meses en que cada tarde iba a bañarme en las piscinas y jugar tenis en el Country Club. A mi madre le preocupaba mucho que yo no tuviera amigos en ese barrio y un domingo, al salir de la iglesia de San Felipe, vio a un grupo de muchachos que no entraban a la iglesia y que se limitaban a ver y observar a las quinceañeras que salían de misa. Ni tonta ni perezosa, mi madre se acercó a uno de aquellos muchachos y le preguntó si frecuentaba la piscina del Country por las tardes, y como la respuesta fue afirmativa le dijo quién era yo. Y así fue como al día siguiente andaba yo sentado en una de las bancas verdes de la piscina del Country cuando un muchacho llamado Jaime Dibós me ofreció un cigarrillo, que yo acepté muy agradecido. Jaime era un tipo al que la gente llamaba Tyrone Power, por lo buenmozo que era y el parecido que tenía con aquel actor de cine. Nos presentamos y allí fue cuando se le acercó una muchacha llamada Chichi, que era su enamorada. Me la presentó también y ahí nos quedamos conversando y fumando un buen rato, hasta que Jaime me propuso caminar hasta su casa, situada en San Felipe y en pleno barrio

Marconi. Ahí me presentó a otros muchachos, que me preguntaron por el lugar en que vivía y a los que les expliqué que yo no tenía barrio porque vivía en una zona que estaba prácticamente sin construir, a una media hora a pie de ahí.

Terminado el verano, Jaime y yo partimos al internado del San Pablo. Él se quedó solo tres años, porque sus padres lo mandaron a estudiar a un colegio de Londres. Nuestra amistad se mantuvo firme e intercambiamos cartas de tiempo en tiempo. Para entonces Jaime había heredado tierras en los cerros de Monterrico y se dedicó a construir lindas mansiones, realmente hermosas. Entre tanto, al igual que Esteban Quispe, yo también me marché del Perú no bien me gradué de abogado, pero no para poner una academia de jiu-jitsu, como soñaba Esteban Quispe, sino con la firme determinación de convertirme en escritor en París.

Trascurrieron los años y en una de mis visitas a Lima nos reunimos Jaime y yo, un día viernes en que, como decía él, a las ocho de la noche tocaba la campana para abrir el bar y me recibía solo o con alguna chica que me acompañara. Yo siempre fantaseaba con la idea de que me regalara *a piece of land,* hasta que una noche él me dijo:

—Vamos, Alfredo, te voy a enseñar tu *piece of land.*

Pues mi *piece of land* quedaba en la ladera muy escarpada de un cerro y la verdad, siendo las cuatro de la madrugada, y con muchas copas de más, yo creo que ni me fijé bien en el lugar.

—¿Cómo será la casa, Jaime? —le pregunté.

—Tú no te preocupes por eso, Alfredo. Yo solo construyo casas lindas.

—Entonces, adelante, amigo.

De regreso en Europa, Jaime me mandó muchos faxes de mi casa en construcción, consultándome cada detalle de la obra. Me hacía mucha gracia que a menudo estos faxes los escribiera en inglés, no por nada había terminado la secundaria en Inglaterra y además su madre era inglesa. En su casa se hablaba frecuentemente en ese idioma.

Por fin llegó la hora de mi regreso al Perú. La casa estaba lista y era realmente linda. Recordé, entonces, que en uno de sus faxes Jaime me preguntó cuál iba a ser la habitación principal de la casa. Yo le había respondido que fuera la biblioteca y mi escritorio. Y, en efecto, hasta los vidrios de las ventanas y puertas eran biselados, mi *walking-closet* era inmenso y muy bien iluminado, el dormitorio de huéspedes tenía en la puerta el nombre de Luis Eyzaguirre, un gran amigo chileno, profesor de Literatura, a quien le había prometido que en mi casa de Lima habría siempre un dormitorio para él. En fin, en la casa no faltaba ni un gimnasio y en el jardín había una inmensa terraza y una piscina.

Como antes, Jaime tocaba la campana los viernes y además escuchábamos música de todas partes y de muy diferentes épocas.

Pero el paso del tiempo es muchas veces cruel, y así fue como un día raptaron a la hija de Jaime y encima de todo eso le cayó la Sunat. Después, Marta, su esposa, enfermó muy gravemente y yo vendí la casa tras sufrir un asalto en el que me dieron una buena paliza, hecho que yo atribuí, sin duda alguna, a esbirros de Fujimori.

Jaime había pasado de su linda casa a una pequeña casita, casi un departamento. Se acabaron las campanadas de los viernes y en los últimos años en Lima solo he logrado verlo una noche sin campanas. Y la última vez que hablé con él me dijo que me devolvería la llamada porque tenía que organizar la reunión de los viernes y desde entonces no he vuelto a saber de él.

En mi caso fue el fin de algo, pero sin pena ni gloria. «The End of Something», como se titula un cuento de Ernest Hemingway.

EN LA CORTE DEL PRÍNCIPE LEOPOLDO
DE CROŸ Y SOLRE

Todo empezó cuando el príncipe Leopoldo de Croÿ y Solre, que nunca tenía mucho que hacer, salió a caminar por Bruselas, y cayó de casualidad en una exposición de pintura de Alfredo Ruiz Rosas, artista peruano. Desde París habíamos venido todo un grupo de peruanos, amigos de Alfredo, que por esos años vivía en Bruselas. El día del *vernissage* de nuestro amigo, el príncipe Leopoldo entró a la galería y quedó realmente emocionado al ver a un grupo de artistas que acompañaba al expositor para que se sintiera bien arropado. Yo me había venido de París con Sylvie, una alumna de la universidad con quien empezaba un volcánico romance que ha sobrevivido a cuanto matrimonio y relación haya tenido, desde que la conocí, en 1967. También había viajado en su auto, desde París, el gran amigo Alberto Guzmán y su esposa Brita. Alfredo Ruiz Rosas se había encargado personalmente de hacer las reservas en varios hoteles, para la tropa de amigos que llegábamos a acompañarlo en su *vernissage*. Habíamos empezado a tomar copas en el tren que nos llevaba desde París hasta Bruselas, y el pintor Emilio Rodríguez Larraín no cesó de llamar a Sylvie con un dedo jamás correspondido. Sylvie se aferraba a mí y a Emilio le respondía con un dedo de rechazo.

A mí me chocó mucho que me dieran una habitación para compartir con Pepe Bonilla, y cuando me quejé diciéndoles que yo venía acompañado por Sylvie, Alfredo me respondió que no tenía ningún inconveniente en que Sylvie y yo durmiéramos en la misma habitación que Pepe Bonilla, por el simple hecho de que este buen amigo era sordo como una tapia.

Terminada la exposición y las copas que la acompañaron, el príncipe Leopoldo, conmovido por la solidaridad y el afecto que había entre todos los artistas y escritores peruanos, nos invitó a su caserón de la rue Faider, donde no había lugar en que uno posara los ojos donde faltara una botella de whisky o una de champán. En esta hermosa casona vivía Leopoldo con su esposa y sus cuatro hijos todavía adolescentes. El príncipe se ponía de pie para encender el cigarrillo a todo el mundo y también cada vez que una dama se paraba para ir al baño.

–La próxima vez vengan todas meadas –exclamó Emilio Rodríguez Larraín.

Aquel día nos acostamos al amanecer, y cuando regresamos al día siguiente a casa de Leopoldo, nos esperaba con un vaso de whisky entre las manos. Como la noche anterior, se ponía de pie cada vez que alguien se servía una copa o le encendía el cigarrillo a alguna dama y volvía a sentarse.

La esposa y los hijos de Leopoldo se llamaban Brigitte, Emmanuel, Henri, Jacqueline y Eleonore, y eran muy bien educados y cariñosos, y además ahora andaban todos felices con la aparición en casa de sus padres de esa tropa de amigotes peruanos.

Y así empezó un nuevo día y el príncipe Leopoldo siguió incorporándose cada vez que una señora o señorita se ponía de pie.

La noche anterior Sylvie y yo habíamos dado rienda

119

suelta a nuestra pasión en la habitación que, con tan solo un tabique de por medio, compartíamos con Pepe Bonilla, gran amigo de Alfredo Ruiz Rosas. Comprobamos que en efecto Pepe Bonilla era completamente sordo. Sin embargo, a Sylvie no le había gustado para nada esta sonora aventura nocturna, porque se escuchaban sus gritos y gemidos por toda la habitación. Me dijo que prefería regresar a París en el automóvil de algún buen amigo, y ella misma escogió al escultor Alberto Guzmán y a Brita, su esposa. Partimos de Bruselas una noche cerrada y en el camino paramos para comer algo antes de continuar nuestro viaje a París. Yo aproveché para tomarme varios vasos de whisky, a pesar de los ruegos de Sylvie, quien de golpe se puso de pie y simple y llanamente desapareció. Pasamos horas buscándola en la noche cerrada, hasta que por fin nos cansamos de llamarla y de rogarle que volviera con nosotros, pero transcurrieron dos largas horas más antes de que volviera a aparecer llorando a mares. Se había fugado de su casa con gran trabajo y no soportaba el hecho de que yo le pagara tan gran esfuerzo excediéndome en las copas. En fin, continuamos el viaje después de esta tristísima escena en que solo tras mil cariños, besos y abrazos de repente ella me dijo: «Maximus, Maximus, tú para mí siempre serás Maximus.» Amanecía ya cuando llegamos a París y lo primero que hicimos fue acompañar a Sylvie a su casa del Bois de Boulogne. «Gracias, mil gracias», nos fue diciendo mientras avanzaba rumbo a la puerta.

Por lo demás, el viaje nos había conmovido a todos. El príncipe Leopoldo no paró en darnos muestras de afecto y nos decía también que lo había emocionado ver tan fraternal amistad.

–Ustedes nacieron amigos y están todos en camino a convertirse en hermanos.

Poco tiempo después, según me contaron ya en París, Leopoldo, que no solo había manifestado un gran cariño por Sylvie, había declarado, whisky en mano, que Sylvie pertenecía a una aristocracia anterior a la de Versalles, como él, y que su verdadero apellido era De Lafaye de Micheaux, que traducido al castellano quería decir «de los señores Lafaye, provenientes de Micheaux». «Esa belleza de muchacha», dijo, sorbiendo su whisky, «podría ser reina. Pero miren ustedes a lo que puede llegar uno. Hay príncipes y príncipes», dijo Leopoldo, «como hay reyes y reyes.»

CECILIA LA MALÍSIMA
Y CECILIA LA BUENÍSIMA

Empiezo por Cecilia la malísima y termino con Cecilia la buenísima, para que este relato tenga un final feliz. A Cecilia Bustamante, la malísima, la conocí estando de profesor visitante en la Universidad de Austin, en Texas. Fue esposa de mi gran amigo Julio Ortega y alguna vez, cuando todavía eran pareja, me tocó dormir dos o tres días en su casa. Realmente torturaba al buen Julio, no cesaba de insultarlo todo el día, de ningunearlo y de hacerlo quedar mal. Los chismes en su departamento corrían y volaban solos, llenos siempre de amenazas. El gran Julio era lo que despectivamente en el Perú llamamos un cholo, solo por su origen provinciano: Julio es oriundo de Supe, en el norte del Perú. Ella lo llamaba cholo a gritos una y mil veces al día. La verdad es que para mí fue una liberación la que sentí al terminar mi visita a aquel infierno. Por supuesto, no hay mal que dure cien años ni cuerpo que lo resista. Julio Ortega terminó largándose de aquel infierno para escaparse con Claudia Elliot, una joven y hermosa estudiante, especialista en temas latinoamericanos. Hoy día Julio ya está jubilado de la Universidad de Brown, nada menos, y escribe unas memorias literarias que espero leer pronto.

Pero volviendo a Austin y a Texas, cuando aterricé en ese lugar, donde debían esperarme Juan Francisco y Fernando Urrutia, que estudiaban en la universidad, no apareció ni el uno ni el otro. En cambio, la que apareció, horrorosa, fue Cecilia Bustamante, o sea Cecilia la perversa. Desde el instante de mi llegada quiso apropiarse de mi visita. Para empezar ya me tenía reservado un departamento horrible en el condominio en que vivía. Después me prestó unas horribles sábanas y toallas y qué sé yo cuántas cosas más, como utensilios de cocina y otros. Noche tras noche me llamaba por teléfono para que pasara por su casa a tomar una copa de vino de la peor calidad. Yo por entonces fumaba todavía, y ponía mi cajetilla de cigarros sobre una mesita al lado del sofá en que me sentaba. Después me enteraría de que iba contando por todo el campus que yo vivía con ella. Algo que sí daba pena era que su teléfono no sonaba nunca jamás, y que ella llamaba a medio mundo y medio mundo y medio le colgaba el teléfono no bien se enteraban de que era ella la que llamaba. Olvidé contar que la pobre malvada era muy cegatona.

Durante las semanas que siguieron a mi llegada, hice amistad con un joven profesor llamado Aníbal González Pérez y con dos estudiantes llamados César Ferreira y Cristóbal Pera. Los tres se escondían y entraban a mi casita por la puerta falsa. En realidad yo no salía con ellos, sino que me ocultaba entre ellos para salir cada vez que venían a buscarme y para que no me viera la bruja de Cecilia. La guerra se declaró al volver yo de la Universidad de Brandeis, donde Julio Ortega dictaba entonces clases. La bruja, como la llamaban todos los que la conocían en Austin, me preguntó si en el camino no había visto al abominable Julio Ortega, y yo feliz le solté que sí. Recuerdo que aquella noche salí con mis amigos a tomar unas copas en un bar que nosotros llamábamos La Cucaracha, porque al frente había una gigantesca cucaracha iluminada y giratoria que era publicidad de un insecticida. Entonces me preguntaron en qué estado andaban las cosas con la bruja de mi vecina. Les respondí que mucho me temía que las hostilidades no tardarían en empezar, porque no le quise mentir cuando me preguntó si en Brandeis había visto al cholo de mierda de su exesposo. Bebimos tres o cuatro cervezas y regresamos al condominio en que vivía, y encontré clavada en mi puerta con un chinche una nota en que ella me decía de todo y al final me reclamaba todo aquello que me había prestado al llegar. Inmediatamente cogí todo lo que me había prestado, si de préstamo se puede hablar y no de regalo envenenado. En fin, lo envolví todo en una sábana y se lo dejé en la puerta de su casa con un papel en el que le puse que no había tocado nada de lo que me entregó, en vista de que mis amigos me habían prestado de todo por lo horrorosas que eran las cosas que me había dado al llegar yo a Austin. Como *post scriptum* agregué que lo que ella creía que era un paquete de cigarrillos era en realidad una pequeña grabadora en la que habían quedado registrados todos los horrores sobre todo el mundo que me había contado cada noche en su casa.

No la volví a ver más, sin duda porque le entró un miedo de los diablos al pensar en lo que le había grabado en todo el tiempo que estuve ahí. Los amigos me esperaban a la entrada del condominio y les conté con lujo de detalles todo lo ocurrido, y César Ferreira me invitó a su casa durante el mes que me quedaba en Austin antes de terminar con mi contrato.

La verdad es que es un alivio pasar de esa Cecilia a Cecilia Hare, mi gran amiga y colega de la Universidad de Vincennes, donde fui a parar como asistente en el Departamento de Español debido a que eso representaba para mí un sueldo mejor del que me pagaban en Nanterre. Ese cargo lo heredé también, como el anterior, de mi buen amigo Rubén Bareiro, que también me había precedido en Vincennes, donde eran frecuentes las trifulcas entre él y Abdón Yaranga, que era peruano y enseñaba quechua. No sé qué diablos había pasado entre ambos, pero se odiaban a muerte. Como entonces estaba de moda aquello del imperialismo yanqui, Bareiro acusaba a Yaranga del imperialismo quechua y, al revés, Yaranga le replicaba acusándolo del imperialismo guaraní.

Vincennes era una universidad surgida como concesión del poder a las demandas estudiantiles de Mayo del 68. Por ejemplo, dejaron de existir los grandes anfiteatros atiborrados de alumnos en los que dictaban sus clases, hasta con micrófono, los profesores, que debían ser aplaudidos al terminar su perorata. En Vincennes, en cambio, las clases no pasaban de los quince asientos. Los profesores y alumnos se tuteaban e incluso tenían derecho a interrumpir al profesor con alguna pregunta. Por Vincennes pasaron grandes contestatarios, como el cineasta italiano Pier Paolo Passolini, al que algún alumno más izquierdista aún le encajó un basurero en la cabeza en plena gran discusión.

Y en medio de toda esta baraúnda apareció un día una mujer pálida, de pelo corto y ojos muy azules. Me dijo que se llamaba Cecilia Hare y que era peruana.

–Alfredo, no puede ser que los dos seamos los únicos peruanos de esta facultad y que no nos dirijamos la palabra.

Cecilia era lingüista y traductora múltiple. Le encantaba dar sus clases en el ambiente casi festivo de Vincennes, pero, en realidad, le era mucho más rentable su posición de

125

intérprete simultánea en organismos internacionales. Constantemente iba y venía de estos eventos multinacionales, incluso había sido intérprete de presidentes de Francia.

Nuestra amistad nació en las idas y regresos de París al bosque de Vincennes, en su automóvil. Cecilia tenía una hija llamada Cecilia, como ella, y había estado casada con el escritor peruano Manuel Scorza, trágicamente fallecido en un vuelo de Avianca que se dirigía de París a Lima. El avión se estrelló poco antes de hacer una escala en Madrid. Cecilia era también excelente cocinera y a menudo invitaba a gente a comer en su casa. Casi siempre o siempre me invitaba. Con el tiempo nos volvimos como hermanos y terminamos hasta pasando los veranos en la playa de Calonge, cerca de Barcelona. Ahí veraneábamos año tras año con otros colegas de la Universidad de Vincennes y nos repartíamos los gastos del alquiler y de la compra. También compartíamos las tareas de la casa y a mí me tocaba, por ejemplo, lavar la vajilla. La última vez que la vi fue en la feria de toros de la ciudad de Nimes y de Arles, donde la pasamos en grande. En Nimes, en cuya feria he estado varias veces, nos tocó ver, a Cecilia, a Germán Coronado, mi editor en el Perú y gran amigo, y a mí, una maravillosa faena de José Mari Manzanares hijo. El hecho de que esta plaza reviva la fiesta taurina en el que fue un coliseo romano que se conserva intacto y el cielo azul de la Provence hacen que sea algo muy superior al coliseo de Roma. Como no quedaba lejos de Montpellier, volví cada primavera a la feria durante los años en los que viví en esa ciudad, y donde Cecilia me visitó también alguna vez. En cambio yo me alojaba siempre en su casa cuando iba a París y ahí dejé a su cargo muchas cosas, como fue la cuenta bancaria que abrí especialmente para que me ingresaran la magra jubilación que me tocó al dejar Francia. Cecilia me permitió utilizar su dirección para recoger mi correo y los recibos que me llegaban del banco y cosas por el estilo, y yo la visité siempre y luego seguí llamándola por teléfono cada semana desde Lima. Cecilia Hare es, pues, la Cecilia buenísima, una amiga a carta cabal.

MARISA Y PEPE

Los conocí en París, cuando yo aún vivía ahí y trabajaba como lector en la Universidad de Nanterre. Recuerdo haberlos visto por primera vez en la Place de la Contrescarpe, muy cerca de donde yo vivía, casado ya con Maggie. Pepe Villaescusa era un hombre delgado, moreno y bajo, y Marisa, su esposa, una jovencita entonces entrañablemente linda. Estaban también el notario Vicente Puchol y su esposa, la valenciana Toniquín, que era hija de un embajador de España en el Perú. Ella fue quien nos presentó y recordaba su vida en Lima al pie de la letra.

Permítaseme una digresión ahora. A la muerte de Pepete, el padre de Toniquín, Tona, su esposa, que tenía un sentido práctico hediondo, incineró el cuerpo de su esposo, que además le había pedido que rociara sus cenizas en la playa del Saler, en Valencia mismo. Asistimos todos consternados, pero cuando entramos a darle el pésame a la señora Tona, esta nos recibió con una gran sonrisa en los labios y nos dijo que Pepete ya se estaba poniendo pesadito y que mejor era que se muriera, y Pepe Villaescusa le preguntó si ya había cumplido con echar las cenizas al mar. De lo contrario, nosotros la acompañaríamos a hacerlo, le dijo. Tona nos dejó turulatos a todos cuando nos dijo que ella misma había echado las cenizas al wáter.

—¿Cómo? —le preguntamos nosotros.

Su respuesta fue así de increíble y de práctica:

—Pues las tiré al wáter en vista de que en Valencia todos los desagües van a dar al mar.

Aquella noche en París, entre copa y copa y gran parloteo, nos pegamos la borrachera del año. Al día siguiente, nos volvimos a encontrar en la misma Place de la Contrescarpe y a tomar más copas de vino en un bistró. Sin embargo, Pepe Villaescusa no vino con nosotros. Se la pasó dando vueltas y vueltas a la manzana como si huyera de algo. Ese algo podíamos ser nosotros, aunque era obvio que la gran borrachera del día anterior lo había dejado en muy mala forma. Finalmente fuimos nosotros los que le dimos el encuentro y le anunciamos que ya era la hora de la comida. Nos fuimos todos a comer ostras en un restaurante de la Place de Saint-Michel. Ahí finalmente Pepe Villaescusa se unió a nosotros y todos nos hartamos de comer ostras *fines de claire;* que yo no dejo de comer cada vez que vuelvo a París, siempre en el mismo sitio.

El verano siguiente, Maggie y yo nos fuimos hasta Caravaca, muy al sur de España y cerca de Murcia. Ahí nos habían invitado Pepe y Marisa, cuyo primer hijo, José Manuel, era todavía un niño de unos cuatro o cinco años. Partíamos todos rumbo al mar, nos bañábamos e íbamos a comer delicioso a Casa Pepe, un restaurante que a los Villaescusa les gustaba mucho. A Marisa, su esposa, le encantaba la horchata valenciana y el gran Pepe era capaz de recorrer los kilómetros del mundo para llevarle a ella su horchata.

Los años pasaron y la carrera notarial de Pepe lo llevó a pasar por una notaría de primera en Bilbao, donde se quedó algunos años, y yo, separado ya de Maggie, lo visitaba cada verano, no bien terminaba con mis clases en París. Una anécdota que recuerdo muy claramente me lleva ahora hasta la playa de Bilbao, una ciudad industrial del norte de España. Un día Pepe, Marisa y yo fuimos a almorzar a una gran playa cercana y pedimos unos arenques que estaban realmente deliciosos. A la hora de la cuenta, Pepe encontró demasiado caros los arenques y resultó que él, gastador como era, llamó sin embargo al mozo y le preguntó por qué eran tan caros. El mozo le respondió: «Es que son de bote, señor.» «Pues mejor que vengan enlatados, no pueden ser tan caros», argumentó Pepe, y el mozo le respondió: «No, señor, es que no se trata de unas conservas, estos arenques son de bote de remos.» La carcajada fue general.

Al cabo de unos años en Bilbao, Pepe ascendió más aún y pasó a ser notario de primera en Barcelona, donde yo vivía ya por esa época. Nos veíamos prácticamente todas las noches y salíamos a comer a restaurantes riquísimos, en compañía de otro matrimonio de apellido Marqueño, también encantadores, y también notario él, aunque solamente de un pueblo de los alrededores de Barcelona. Los notarios en España se preparan constantemente para pasar de una notaría a otra, como en Madrid y Barcelona, que ya eran notarías de Primera Especial. Pepe coronó su carrera en Madrid, pero seguía siempre siendo un viajero impenitente. No paraba de viajar una y otra vez, sobre todo a Italia, donde tenía grandes amigos que fueron antes clientes de la notaría. Vivía en La Moraleja, una zona residencial de lujo en las afueras de Madrid, y tenía una casa en Formentor, en Mallorca, donde pasaba los veranos invitando a todo el mundo a pasear en un lindo barco velero. Nunca olvidaré las navegaciones por aquella maravillosa bahía donde

130

veraneaba gente rica venida de muy distintos puntos de Europa.

Pepe Villaescusa ha fallecido hace pocos días en su hermosa casona de La Moraleja, y yo no he podido acompañarlo debido a una lesión en la columna vertebral que me tiene en silla de ruedas. Visitaré a Marisa, su viuda, no bien esté en condiciones de viajar. Por ahora solo me queda recordar esa copla que dice: «Algo se muere en el alma, cuando un amigo se va.»

UN CONGRESO Y UN AMIGO

Era yo entonces colaborador de la agencia de noticias EFE, y aquel verano la propia agencia me invitó a un congreso en Ronda, sobre la vida y milagros de Ernest Hemingway. Viajé con el director de EFE, Alfonso Sobrado Palomares, y con el jefe de Informaciones, Carlos Reigosa, con quienes mantengo hasta hoy una larga relación de amistad. La ciudad de Ronda, hermosa y muy andaluza, tuvo entre sus huéspedes a poetas como Rainer Maria Rilke, que pasó un largo tiempo ahí, donde escribió la sexta de las *Elegías de Duino*. Llegaron también profesores de universidades norteamericanas, especialistas en la obra de Hemingway y entre los cuales no faltaban un par de gringos antitaurinos. Antonio Ordóñez sencillamente no los dejó entrar a la plaza de Ronda, que es considerada la más antigua del mundo, hermosa como pocas, y cuyas llaves llevaba en el bolsillo para usarlas a su antojo.

Larga había sido siempre mi relación con la obra de este gran escritor norteamericano. Incluso me gradué de bachiller en Letras, en la Universidad Nacional Mayor de San Marcos, con una tesis titulada *Función del diálogo en la narrativa de Ernest Hemingway.* En San Marcos también me gradué de doctor en Letras, en 1977. La tesis se llamó *Te-*

mas principales en la obra de Henri de Montherlant, escritor misógino y antipático, y por último pederasta. Lo malo es que el tipo escribía como los propios dioses.

Pero volviendo a Ronda, a Antonio Ordóñez y al congreso sobre Ernest Hemingway, me tocó abrir la primera sesión nada menos que con el maestro sentado a mi diestra. Sin duda nació ahí una relación de amistad que duró hasta la muerte del más grande torero que he visto en mi vida. En fin, terminado el acto académico, Ordóñez nos invitó a Anita, mi pareja, y a mí a almorzar en el estupendo Mesón Carmen la de Ronda. Ahí se nos unieron la señora Pilar Lezcano, esposa de Antonio, los amigos de la agencia EFE y alguno que otro profesor norteamericano de Literatura. Terminado el almuerzo y sorpresivamente los Ordóñez nos propusieron a Anita y a mí trasladarnos del hotel a su finca El Recreo. La finca aquella había pertenecido a su padre, torero también, apodado El Niño de la Palma, que según se decía la había perdido en la ruleta de algún casino. Con los años Ordóñez logró recuperar aquella finca, se instaló a vivir ahí e hizo construir un ruedo con algunas graderías donde se sentaban los amigos a ver practicar al maestro. Y algo que recordaré siempre es un pozo del siglo XIV al cual se habían arrojado las cenizas de Orson Welles, gran aficionado al toreo, también, y, cómo no, amigo del maestro Ordóñez.

–Lo malo –nos dijo a Anita y a mí– es que no podía invitar a Orson y a Hemingway juntos, porque sencillamente se odiaban.

Otra cosa que no olvidaré es que yo no cesaba de mimar y piropear a Anita y que Ordóñez me decía una y otra vez:

–No se hipoteque, Bryce, no se hipoteque, amigo Alfredo.

El tiempo le daría la razón al maestro Ordóñez. Me hipotequé, en efecto, y todavía lo estoy pagando.

MI AMIGO HARRY SCHULER

Fue hijo del mítico Roger Schuler, el fundador del turismo en el Perú y de la Granja Azul, en cuyo restaurante se pagaba una suma única y luego el cliente podía comerse todos los pollos a la brasa que le cupieran en el cuerpo. A los trece años ya Harry era el encargado del bar de aquel restaurante, cosa nada conveniente y muy peligrosa en el caso de alguien que recién empezaba con la adolescencia. Su padre quiso poner en vereda al gran loco de Harry enviándolo a una escuela militar, en un lugar llamado Miller, no muy lejos de Nueva York. Por su gran capacidad para todo lo relacionado con la buena mesa a Harry se le encargó la cocina de aquella rígida escuela militar. Y ahí, en la cocina, descubrió a otro peruano llamado Johnny Dávila y rápidamente terminaron convertidos en dos mosqueteros o más bien en dos hermanos y forajidos en aquella escuela. Basta con una anécdota para que el lector se dé cuenta del gran dúo de fichas que formaba esta pareja de peruanos. Trátase de un día en el cual aquellos militarizados alumnos tenían que subir y «conquistar» una empinada montaña, como prueba de astucia y audacia militares. Pues Harry Schuler y su amigo Johnny Dávila decidieron añadirle una buena dosis de purgante al café con leche que desayunaban los compañeros de aquella escalada militar, en la que simularían participar nada menos que en un combate de guerra. Había que colocar una bandera norteamericana al llegar a la cima de aquella escarpada montaña. Harry y Johnny se plegaron al contingente de compañeros de escuela para emprender también el ascenso con una bandera peruana bien plegada y oculta en la mochila que formaba parte de su atuendo de guerra. Lo cierto es que en media ascensión el batallón entero fue víctima de una incontenible diarrea y los muchachos se resbalaban por aquella empinada cuesta, víctimas de una brutal descomposición estomacal, y lo que debió ser un asalto a un cerro perteneciente a un enemigo invisible, terminó convertido en una cagadera general, mientras que Harry Schuler y Johnny Dávila continuaban ascendiendo tranquilamente hasta llegar a la cima, donde colocaron la bandera peruana.

Por supuesto que de regreso de aquella hazaña las autoridades militares expulsaron de la academia a los amigotes peruanos, pero no sin antes reconocer la derrota militar de sus compañeros de batallón.

Me tocó conocer a Harry en un hotel de su propiedad situado en la localidad de Máncora, y con mayor precisión en un lugar llamado Punta Ballenas, pues por ahí se avistaba a estos cetáceos que se acercaban hasta el borde mismo de la playa. Llegué yo como integrante de una comitiva de escritores que viajábamos invitados por la señora Marigola Cerro, y que habíamos participado en una serie de mesas redondas a lo largo de la ruta que une Chimbote con Pimentel, para celebrar, en cada población, el centenario del diario *La Industria,* el más importante del norte del Perú. Ya en Máncora, bastante más al norte, no había actividad cultural alguna y era este, más bien, un lugar de reposo y esparcimiento al que nos había invitado el diario *La Industria*. No bien llegamos, hizo su aparición el gran Harry con un azafate de pisco sours de acogida y arrancó a darnos la bienvenida con una interminable saga de chistes de humor negro que jamás habíamos oído en la vida y que muy bien podían ser fruto de la exaltada imaginación de aquel joven y extravagante hotelero. Un buen rato más tarde nos fue enseñando el camino a nuestras habitaciones, que se extendían a todo un lado de la playa, en cuyo extremo vivía el propio Harry, en un bungalow a todo lujo, y en el que, por supuesto, no faltaba un gigantesco jacuzzi. Luego, a eso de las ocho de la noche, invitó a comer a la delegación entera en un amplio comedor de cristal rodeado por todos lados del mar y por el que se paseaban las ballenas ajenas a todo aquel trasiego humano. Nos hartamos de comer unas gigantescas langostas, riéndonos a carcajadas con la interminable saga de chistes de todo tipo y color con la que Harry amenizó aquella inolvidable velada marina.

Resultó luego que aquel hotel tan acogedor y lleno, además, de unas cabañitas familiares que lo rodeaban no estaba desprovisto de historia y de recuerdos. Había, por ejemplo, una discoteca cerrada a piedra y lodo por el propio Harry. El origen de esta alocada decisión era que, estando en Lima, alguien le hizo saber que su pareja de aquel entonces había estado bailando con algún huésped, lo cual motivó el inmediato retorno a Punta Ballenas de un enfurecido y enloquecido Harry, quien por supuesto sacó a patadas del hotel a la pareja danzante, pero no contento con esta decisión le puso para siempre un candadote a aquel local. El hotel de Punta Ballenas sencillamente se quedó sin discoteca.

A pesar de su carácter cambiante y sonoro, Harry era un hombre para el que la amistad era algo sagrado, lo cual

136

no le impedía tener unas broncas descomunales, por ejemplo, con sus vecinos en aquella playa sin límites, pues Harry se gastaba desmedidas energías en enfrentarse a sus enemigos entre los cuales había uno al que sencillamente odiaba. ¿Qué hizo en este caso, por ejemplo? Pues nada menos que alquilar un helicóptero, sobrevolar la casa y el jardín del tal vecino y orinar encima lanzando después una bacinica llena de caca. Y en locuras como esta se le iba la vida al gran Harry, cuyo carácter podía llegar a ser francamente insoportable, salvo con sus amigos, y yo tuve la suerte de estar entre ellos. También es cierto que le fui muy leal y lo acompañé en la soledad de aquel hotel tan bello, que poco a poco se fue quedando sin huéspedes, casi sin servicio y cada vez más abandonado a su suerte. Por ejemplo, a los empleados del hotel Harry no les exigía eficiencia alguna sino fidelidad ante todas sus chifladuras y grandes metidas de pata. Estos fueron yéndose poco a poco, hasta que, al final, Harry apenas conservaba tres o cuatro empleados devotos, pero que sencillamente no se daban abasto para hacerse cargo de esa seguidilla de bungalows cada vez más alejados de la mano de Dios.

Al final aquello era ya una ruina y malvivía tan solo gracias a la presencia diaria de unos borrachines que se apoyaban en la barra de un cada vez más desaliñado mostrador.

Antes de mi último viaje a Máncora, envié por encomienda unas botellas de vodka y otras varias de agua tónica. No llevé conmigo ni siquiera una toalla o mi ropa de baño. Encontré a Harry muy mal, requetemal. No contó ni un solo chiste, lo cual resultaba realmente alarmante, y jamás oí tampoco una de sus sonoras carcajadas. Sencillamente Harry languidecía en aquel hotel en abandono, y vivía alojado en alguna habitación cualquiera con una persona que se encargaba de cuidarlo. Fue esa misma persona quien me contó que una noche Harry se había metido en un lío espantoso en la localidad de Máncora, a unos pocos kilómetros del hotel. En medio de una gresca gigantesca alguien le había dicho: «De parte de tu vecino», y le había asestado una profunda puñalada en la cintura.

Al pobre Harry le quedaba todavía algo de energía y la empleó toda en impedir que órganos como el hígado se le escapasen del cuerpo. Al cabo de unos días, Harry se incorporó. Estaba pálidamente azul, muy pálidamente azul. Se aseguró, eso sí, de que nada me faltara en el hotel, de que tuviera vodka que tomar y de que yo estuviera alojado en su propio y lujosísimo bungalow, al que más de una vez se acercaba alguna despistada ballena.

Al día siguiente, y con un sentido de urgencia, decidí regresar a Lima y me puse en contacto con uno de los hermanos de Harry al que yo conocía. Era un tipo bruto, muy bruto, con la brutalidad reflejada muy notoriamente en su voz y que, por toda respuesta, se llevó las dos manos al pecho en señal de dolor y pena. Unos días más tarde me dieron la voz para asistir al entierro de Harry en Lima. Ahí estaban todos los hermanos Schuler y un puñado escaso de amigos y familiares más. Harry, hinchadísimo, reposaba en un ataúd, y esto fue todo para mí, en cualquier caso.

IV. Personas y lugares

EL GENERAL DE LA ALEGRÍA

Con este apodo se conoció, en la Lima de los años cincuenta del siglo pasado, al general Manuel Apolinario Odría, presidente del Perú. Un golpe de Estado lo llevó al sillón presidencial y si mal no recuerdo un golpe de Estado lo sacó de ahí, cumplidos los ocho años de su gobierno conocido también como el Ochenio. Odría fue apodado el General de la Alegría por sus juergas palaciegas, en una de las cuales sufrió una caída que lo dejó ligeramente cojo para siempre. Su gobierno coincidió con una bonanza de las exportaciones peruanas, lo cual mantenía muy llenas las arcas del Estado, que Odría dedicó en muy gran parte a la construcción, por ejemplo, de las Grandes Unidades Escolares, del Estadio Nacional, del Hospital del Empleado y muchas obras públicas más que hicieron conocida su manera de gobernar, que ha pasado a la historia como la demagogia de cemento. Lo cierto es que bajo su gobierno la moneda nacional, tan fluctuante por aquellos años, mantuvo intacto su valor.

Manuel Apolinario Odría fue natural de Tarma, en la sierra central del Perú, ciudad en la cual dejó también muchas obras públicas, empezando por el Hospital Regional del Centro del Perú, que fue de gran alivio para las poblaciones de las ciudades aledañas. Construyó también una catedral demasiado grande, sin duda, para una ciudad como Tarma, pero la guinda del pastel fue, qué duda cabe, el Hotel de Turistas de Tarma, hoy parte del consorcio hotelero Los Portales.

Mi padre, que en su infancia y adolescencia había vivido y trabajado en Jauja, ciudad situada en los Andes centrales del Perú, solía hacer viajes a Tarma durante los inviernos limeños. A mí aquellos viajes, más bien paseos, realmente me encantaban y siempre fui acompañante de mi padre en esos trotes. Tarma era nuestra parada más frecuente y ahí nos alojábamos en el Hotel de Turistas de esa ciudad, que hasta hoy es un estupendo hotel. Incluso estuvimos presentes cuando se inauguró el hotel con bombos y platillos, aunque la verdad es que no recuerdo si el General de la Alegría estuvo presente o no. Cuenta la leyenda que los planos del Hotel de Turistas de Tarma, un edificio desproporcionado para esta ciudad, por lo grande, estuvieron originalmente destinados a Arequipa, la segunda ciudad más visitada por los turistas después del Cusco.

Hace muy poco volví a ir a Tarma, me alojé en el Hotel de Turistas y estuve, como siempre, de visita en la finca de la familia Santa María, donde ocurre aquel estupendo relato de Julio Ramón Ribeyro titulado *Silvio en El Rosedal*.

Pero volviendo a Lima y a Manuel Apolinario Odría, el General de la Alegría, pienso ahora que en el fondo el muy buen trato que tuvo hacia mi abuelo Francisco Echenique Bryce fue motivado o derivó, por lo menos, en una amistad. Mi abuelo era por esos años presidente del Club Nacional y me parece que invitó al General de la Alegría a ser socio. Por lo demás, debo repetir ahora que todo aquello del enriquecimiento de Odría durante el Ochenio es una versión muy alejada de la realidad. No niego, por ejemplo, que alguna casa que se le ofreció puede haberla vendido o regalado, pero lo cierto es que vivió y murió en la casita de la calle Vargas Machuca, cercana al Estadio Nacional, que le perteneció siempre. Muerta ya la señora María Delgado de Odría, que algo tuvo de la Eva Duarte de Perón, de la Argentina, pues como ella realizó grandes y constantes obras sociales, Odría continuó en su casita de siempre y con su cojerita de siempre, atendido por un muchacho que lo ayudaba a caminar. Esta es una escena que vi con mis propios ojos y que recuerdo nítidamente.

CADA CUAL PEOR QUE EL OTRO

Hay el que inspira piedad,
hay el que da risa
y hay el que da miedo.

1

Andábamos de copetineo Julio Ramón Ribeyro y yo, una noche de viernes, en el barrio de Pigalle. Era una noche de primavera y Julio Ramón, superadas ya sus terribles operaciones, se había atrevido a beberse unas copas de tinto en el interior de un bar, en un lugar tan lejano de la Place Falguière, su barrio. Un silencio sepulcral nos acompañaba desde hacía rato y Julio Ramón, sintiéndose incómodo y mal servido en ese bar, decidió que camináramos unas cuadras hasta un lugar menos malevo que aquel en que nos encontrábamos. Finalmente, decidimos trasladarnos al interior de otro bar menos concurrido y mejor atendido. Tuvimos suerte de encontrar dos asientos libres y en ellos nos sentamos. Pedimos unas copas más y empezamos a conversar sobre la obra de Stendhal. Para mí Stendhal era el más grande escritor del mundo y sus alrededores, y autores como Svevo y Proust eran también tan inmensos como el citado, y para Julio Ramón no había comparación entre libro alguno y *Madame Bovary*.

La noche transcurría serenamente cuando un músico de esos que canta primero y pasa la gorra después se puso casi al lado nuestro. Venía de la calle con un tremendo poncho y un chullo que, a nuestro parecer, solo podía provenir del Perú.

Acto seguido el individuo este nos miró atentamente a Julio Ramón y a mí y se arrancó con un guitarreo y entonó nada más y nada menos que «El cóndor pasa». Y así, entre las habituales palmas se sacó el chullo y empezó a pasarlo entre un público que debía ponerle algunas monedas. Y cuando se acercó a Julio Ramón y a mí este último me dijo:

–Alfredo, por favor, préstame unas monedas para nuestro compatriota.

–No puedo, viejo, con las mías basta. Son muy pocas, pero a este cantante no le queda más remedio que conformarse.

Total que nuestro cantante terminó con sus canciones y abandonó el lugar sin duda alguna para irse a buscar otro bar donde cantar para que le dieran algunas monedas más.

Pues mil años después el guitarrista Alan García Pérez, el hombre del chullo, el poncho y la guitarra, llegó a ser presidente del Perú y a mucho mérito. Yo andaba entonces de visita en Lima y Alan García Pérez había empezado con un turbulento y enloquecido mandato presidencial que ha pasado como un ejemplo de pésimo gobierno en la historia del Perú contemporáneo, y, para mayor honra y mérito entre otras mil cosas, había empezado con unos acontecimientos públicos llamados SICLA, en los que no se limitaba a invitar a alguien que fuera famoso por su música, literatura y arte en general. Pero desde entonces el desorden de los famosos SICLAS era total y daba la peor imagen del Perú. Disparates hubo, y mil, como la invitación a Gabriel García Márquez, para condecorarlo con la Orden del Sol, suprema distinción que el Perú otorga a los artistas, intelectuales y escritores. Por supuesto que la Orden del Sol debía ser entregada a Gabriel García Márquez, quien pocos días antes ya había declinado tal honor. Y como Mario Vargas Llosa y el presidente García Pérez no tenían una buena relación, no tuvo mejor idea que darle la Orden del Sol a Julio Ramón Ribeyro. Conocida es la historia según la cual Julio Ramón, que nada sabía de estos intríngulis, se encontró con que había sido galardonado por el gobierno del presidente García Pérez.

Ya después de todo esto Julio Ramón, eterno flaco, me contó que casi lo habían dejado entre la vida y la muerte con el imperdible de aquella condecoración de mierda, que le habían clavado en el pecho, casi mortalmente.

—¿Y tú, Alfredo —me preguntó Julio Ramón—, qué haces por aquí? Sin duda, algo tienes que hacer en Lima.

—No solo no tengo nada que hacer, sino que ni siquiera he sido invitado al dichoso SICLA, un evento en el que muchos de los invitados no saben qué hacer y ni siquiera imaginan qué diablos quiere decir esta fanfarria.

—Alfredo, ¿tú te acuerdas de la noche aquella en Pigalle, mucho antes de que García Pérez soñara con ser presidente y llevaba puestos un poncho y un chullo?

—Recuerdo perfectamente cuando empezó a pasar el chullo en busca de unas monedas. Yo le di algunas por los dos en vista de que tú andabas sin un cobre esa noche. Pues craso error, hermano. Como puedes imaginar, yo no entiendo por qué García Pérez me odia tanto, si yo nunca le he hecho un favor.

—Te odia, viejo. Le hiciste un favor y te odia.

Minutos después, mientras Julio Ramón y yo dábamos cuenta de un buen par de pisco sours en el Club de la Unión, él recordó una vez más la historia del SICLA y de por qué Alan García Pérez me había borrado sin duda de la lista de invitados.

—¿Por qué? —pregunté yo.

—Pues porque le diste un par de monedas aquella noche en que cantó «El cóndor pasa».

—¿Tú crees que a eso se deba todo?

—Por supuesto, viejo. Alan García Pérez se sintió humillado por la propina que le dio un compatriota, sobre todo, y, como leí en un libro alguna vez, uno no sabe el odio tan inmenso que puede sentir una persona a la que se le ha hecho algún favor. Es la historia de un resentimiento y nada más.

—«Piedad, piedad para el que sufre, piedad, piedad para el que llora», como la letra de una canción de mi infancia, carajo.

2

El golpista general Juan Velasco Alvarado era lo que en el Perú se conoce como un cunda, un avivato. Conocedor de mi amistad con Julio Ramón Ribeyro, a quien él conoció cuando fue agregado militar en la embajada del Perú en París, le dio por invitarme a Palacio de Gobierno, por las anécdotas que se contaban de esa relación. A Velasco se le debe una catastrófica reforma agraria, la nacionalización de la International Petroleum Company, que pasó a llamarse Petroperú. Quiso también que todos los empleados públicos vistieran una guayabera blanca, casi, como un uniforme veraniego. En fin, la reforma agraria tuvo un resultado más que mediocre, como todas las otras reformas que puso en marcha, entre las cuales cabe mencionar la de pesquería y las impulsadas por varios ministerios más, para los cuales se construyeron gigantescos edificios como el de Guerra, bautizado como el Pentagonito.

Llegado el día en que Juan Velasco Alvarado me invitó a tomar unas copas con él, desembarqué en Palacio de Gobierno a las ocho en punto de la noche y me encontré con un hombre de estatura media, que llevaba un impecable uniforme militar. Me recibió con un fuerte apretón de manos y casi de entrada me dijo:

—Usted me va a perdonar, pero yo no he leído ninguno de sus libros. Un hombre como yo, que tiene sobre sus hombros el destino de un país entero, no puede darse el lujo de andar leyendo libritos. Mi esposa lee a algunos autores peruanos pero la verdad es que nunca me ha hablado de usted, salvo la vez aquella en que me hizo llegar un pedido de ayuda para su amigo Julio Ramón Ribeyro.

—Sí, mi general, yo estuve entre los peruanos que redactamos aquel pedido. Todos quedamos muy agradecidos por su ayuda.

—Yo solo cumplí con mi deber, señor Bryce. Eso es todo. Pero, bueno, qué tal si ahora nos servimos un buen whisky.

—Encantado, presidente.

Y ese fue el momento en que un edecán recibió el encargo de servir las copas. Después de un rato volvió con una bandeja en la que había dos vasos muy feos, una hielera horrorosa y dos botellas de whisky coronándolo todo.

—¿Nos sentamos, señor Bryce?

—Sí, presidente —le dije, y como él se sentó en un lado del sofá delante del cual había una mesita sin duda destinada a nuestros vasos y a las botellas de whisky, yo opté por sentarme al otro extremo del sofá.

Varias copas más tarde, Velasco y yo caímos en una tan divertida como absurda plática acerca del precio que tiene todo ser humano.

—Para serle sincero, presidente, a mí nunca se me ha ocurrido pensar en cosas como esas.

—Y Judas, amigo Bryce, Judas vendió a Jesucristo por trece monedas, ¿no es cierto?

—Pues sí, presidente, así es. Parece que hasta Cristo tuvo su precio.

El edecán se acercó una vez más para llenar nuestros vasos y, aunque parezca mentira, recién entonces caí en cuenta de que lo que estaba tomando el general Velasco era té. En efecto, yo ya me había dado cuenta, desde el comienzo, de que al general le servían el whisky de una botella muy distinta a la mía, lo cual me pareció tan raro que le pregunté:

—Presidente, no entiendo por qué bebe usted un whisky distinto al que invita.

—Es que este whisky me lo ha mandado el embajador de Gran Bretaña. Es el whisky que bebe la familia real, nada menos. Perdóneme, pues, pero por gratitud a Su Majestad británica y al embajador no puedo invitarle a usted este whisky. Además el whisky que le han servido a usted es de primera y de una primera muy especial.

Varios vasos después, la conversación con el general había desembocado nuevamente en el asunto de Judas y las monedas. Todo hombre tenía su precio, según él.

—¿Y cuál es su precio, señor Bryce? —agregó.

De pronto el general se puso de pie y, mirando su reloj, repitió su pregunta y agregó la cantaleta esa de Jesús y las trece monedas.

—¿Cuál es su precio, por última vez, señor Bryce? Yo tengo que irme, pero antes tiene usted que decirme cuál es su precio. Dígame usted su precio y mi edecán lo llevará donde el chofer que lo llevará a su casa.

—Bien, presidente —le solté—. Mi precio es que me nombre embajador en Venecia.

—Estupendo, Bryce, ya tengo su precio, será usted embajador en Venecia.

El general sonrió complacido y se dirigió hacia una salida de aquel salón.

Yo me iba ya hacia la otra puerta del salón, acompañado por otro edecán que debía llevarme hasta el auto, cuando de repente oí que Velasco me gritaba, casi:

—Oiga, Bryce, no me crea usted cojudo. En Venecia no hay embajada peruana ni nada que se le parezca. Buenas noches.

3

Al final de los noventa, estando ya Fujimori en la presidencia del Perú, después de un golpe de Estado del 5 de abril de 1992, todo parecía augurar que tan oscuro personaje era de los que no suelta el poder más que por la fuerza. Fujimori no era un primerizo en el dudoso arte de ejercer el poder, como muchos pensaban entonces. Por algunos libros que leí, me enteré de que era más bien un astuto personaje cuyas trampas y demás fechorías lo habían llevado a todo tipo de manipulaciones en su afán de conquistar y conservar el rectorado de la Universidad Nacional Agraria La Molina. Algunos alumnos, entre los cuales había uno apodado La Mula, se burlaban de él diariamente de una manera tan grosera y despectiva como era la de ingresar al salón de clases y, al pasar por el asiento de Fujimori, soltarle diariamente la misma estupidez: «Japonés, un blanco os saluda», todo esto acompañado por una despectiva reverencia.

Y así hasta el día en que se lanzó de candidato a la presidencia del Perú, con todas las malas artes que lo habían llevado a hacer una carrera de golpista en el ámbito académico.

La historia es bien conocida. La derecha en el Perú se unió toda para realizar una campaña, torpe, ciega, y tan llena de vanidades y metidas de pata que terminó perdiendo las elecciones precisamente por no conocer el Perú profundo, que en aquel momento se identificó con un japonés sentado en un pobre tractor como imagen de marca.

Pues el tractor de Fujimori llevó al «Chino» a la primera magistratura y dejó a la derecha cargada de bilis tras un inmenso papelón.

Yo vivía en Europa, entonces, y muy alejado del acontecer de mi país y de un gobierno que solo conocía de una manera libresca. Eso sí, leí muchos libros, artículos de prensa y revistas sobre Fujimori y el fujimorismo.

Pero además tuve noticias de mi país por los amigos peruanos que me visitaban en Barcelona, ciudad en la que viví los últimos siete años de mi vida en Europa.

Nunca olvidaré las noticias del Perú, y, entre estas, la más divertida y perdurable es la que me contó mi gran amigo Luis Peschiera Massa, compañero en el internado lejano de Lima en el que transcurrió mi educación secundaria. Resulta que Pechelira, como le llamábamos todos, era más loco que una cabra y jamás podía controlarse con sus bromas y atrevimientos. Propietario de tierras en el sur del Perú, era también agrónomo, y tuvo una gran amistad con el futuro presidente Fujimori cuando ambos estudiaron en la Universidad Agraria.

Y aquí viene la anécdota.

Al empezar su mandato, el recién electo presidente decidió invitar a sus amigos de la Agraria a Palacio de Gobierno. Y todo transcurría en un ambiente amistoso y lleno de recuerdos de los años estudiantiles, cuando de pronto Fujimori pegó un gran brinco. ¿Qué había hecho Pechelira? Pues nada más y nada menos que meterle un buen pellizcón en el culo a Fujimori.

—Es la primera vez que le meto la mano a un presidente —dijo Pechelira, muerto de risa.

Está de más decir que minutos después ya estaban todos en camino a sus casas.

Tiempo después, en un viaje de visita al Perú, un individuo que se apellidaba Orellana, si mal no recuerdo, apareció en mi casa de la urbanización Las Casuarinas, en Surco, con el encargo de que el presidente Fujimori deseaba entregarme la Orden del Sol, la más alta condecoración que otorga el gobierno peruano. No soy de condecoraciones, le dije al tal Orellana, cuya insistencia solo logró hartarme. Convencido de que mi negativa era rotunda, el mensajero dio por concluida su misión y se despidió bastante molesto.

Pasaron tres o cuatro semanas del episodio Orellana, cuando noté que había siempre dos automóviles de lunas polarizadas en un parque por el que yo paseaba, en mi diaria caminata matinal por Las Casuarinas. La verdad, ahora que lo pienso, nada habría cambiado de alterar yo mi itinerario. Simple y llanamente ellos me habrían seguido. Sí, ellos me habrían seguido hasta donde el diablo perdió el poncho. Cuatro hombres bajaron un día de esos dos autos, me cogieron por los brazos y me metieron a la fuerza en uno de los vehículos. Arrancaron los motores y empezaron a aplicarme un golpe certero y seco por cualquier parte del cuerpo. Y, sin duda, para aterrarme más, a cada rato se comunicaba un carro con el otro por un micrófono oculto y se decían unos a otros que no se les fuera a pasar la mano. Lo más increíble de este castigo, que yo atribuí de entrada a Fujimori y sus esbirros, es que no tuvieron mejor idea que la de botarme, hecho pedazos, física y moralmente, delante de la embajada de los Estados Unidos, que se encuentra en la avenida La Encalada, y que lleva hasta Las Casuarinas. Tuve miedo, mucho miedo de Fujimori, como antes me inspiró piedad el Alan García del poncho y del chullo, y como antes, también, me inspiró risa el inefable general Juan Velasco Alvarado.

FREJOLITO

La verdad, yo lo conocía poco, casi de vista. Había coincidido con él dos veces, en casa de una amiga común, pero apenas habíamos cruzado unas palabras. Por eso me sorprendió tanto que se me apareciera una mañana en el departamento barranquino que me había prestado la viuda de Julio Ramón Ribeyro durante el tiempo que iba a estar en Lima en una de las periódicas visitas que hice al Perú. Pero allí estaba Frejolito, botella de vodka en mano e invitándome a almorzar en uno de esos restaurantes privados que la gente llama huecos, porque generalmente no tienen nombre alguno y quedan en cualquier casa de la ciudad de Lima.

Yo estaba en ley seca, y así se lo hice saber, pero a Alfonso Barrantes Lingán tal cosa pareció no importarle nada. Nos vamos a almorzar donde Pedrito Solari, me explicó.

—¿Conoce usted aquel lugar?

—No, don Alfonso, la verdad es que ni siquiera sé dónde queda.

—No me llame don Alfonso —me dijo, y añadió que Lima entera lo llamaba simplemente Frejolito.

154

Momentos después ya estábamos camino a Jesús María y al hueco de Pedrito Solari, cocinero de gran prestigio, según me explicó Frejolito, y que atendía en los dos comedores que había en su vieja casona. Don Pedrito Solari, una loca terrible, nos preguntó qué aperitivo deseábamos.

–Don Alfredo está en ley seca, él bebe siempre vodka, pero hay que respetar sus decisiones. O sea que esta botella de vodka permítame que quede para mí.

A don Pedrito Solari, que cobraba caro el licor, no le hizo ninguna gracia lo de la botella de vodka, pero accedió llevado sin duda alguna por la importancia del personaje que era Frejolito, excelente exalcalde de Lima, candidato a la presidencia de la República por el Partido Socialista y creador del programa del Vaso de Leche, según el cual todos los niños de pocos recursos debían beber un vaso de leche en el desayuno. Todas estas cosas juntas, unidas a la gran simpatía del personaje, habían hecho de Frejolito un hombre popular y muy querido y respetado por la gran mayoría del pueblo peruano, sobre todo el limeño. Durante el trayecto a la casa en que íbamos a almorzar, Frejolito me explicó las razones por las cuales él era tan popular y querido en Lima.

–Yo podría estar llevándolo en un carrazo de lunas polarizadas, y hasta con chofer. Pero en cambio mire usted mi carro, un Volkswagen del año del rey pepino, al que hay que añadirle también un pequeño y antiguo departamento alquilado, donde vivo acompañado de una joven sobrina que me atiende. Pero el pueblo me quiere, me respeta y me reconoce, señor Alfredo.

Pero la verdad es que Frejolito se detenía en cada semáforo y miraba al auto de al lado, hacía un adiosito con la mano, pero yo veía con mucha pena que prácticamente nadie le respondía. Y así, adiosito tras adiosito y de semáforo en semáforo, casi nadie nos reconoció nunca y llegamos donde don Pedrito sin adiositos de respuesta.

–Señor Bryce Echenique, su abuelo don Francisco era todo un señor. Venía a menudo a almorzar aquí y yo lo ayudaba con su colección de monedas de oro. Créame usted, don Alfredo, que entre moneda y moneda su abuelo Echenique fue el hombre que más oro tuvo en el Perú y sus alrededores.

Una vez en el comedor, Frejolito abrió la botella de vodka y pidió hielo y agua tónica. Yo solamente lo acompañé con un vaso de Inca Kola. Pedrito Solari se acercó entonces y nos dijo qué platos tenía para esa oportunidad. Tanto Frejolito como yo escogimos un caucau de entrada y luego también un tacu-tacu con bistec apanado y huevo frito. Y aquí viene el gran momento de Frejolito. Desde el otro comedor, ruidoso y muy alegre, se acercó un generalote de la policía con un pisco sour en la mano. Pidió permiso para acercarse y brindar con nosotros. Pues el generalote hizo tremendo brindis por Frejolito y llamó a sus compañeros de comedor para que también brindaran por el gran caballero que era Frejolito. Este fue sin duda alguna el momento triunfal de Frejolito, que no tuvo más remedio que brindar muchas veces con todos los miembros del comedor vecino. Frejolito mostró gran contento y hasta pidió otra botella de vodka para agradecer de vaso en vaso el afecto que le mostraban aquellos oficialotes.

Para mí, el viaje hasta la casa de don Pedrito había sido un fiasco en el que Frejolito saludó y saludó sin que casi nadie le respondiera. No bien nos dejaron en paz los oficialotes esos, Frejolito me dijo que así lo quería el pueblo peruano. Pero no bien se marcharon los del otro comedor, Frejolito pidió la cuenta y brindó una vez más conmigo.

Anochecía ya cuando decidimos emprender el viaje de regreso hasta Barranco. La verdad, a mí me aterraba la idea de tener que acompañar a ese hombre tambaleante que subió a su automóvil con cierta dificultad y que ahora se disponía a manejar ya con las luces del auto prendidas. Frejolito encendió entonces el motor de su auto y, taca-taca-taca, tomó la avenida Mariátegui rumbo a Barranco.

Y aquí es donde viene la parte patética. Frejolito se había metido contra el tráfico, lo cual motivó la ira de mil automovilistas. Uno tras otro los automóviles encendían y apagaban sus luces y yo andaba ahí aterrado, sobre todo cuando reparé en que los insultos tales como hijo de puta, por decir lo menos, a Frejolito sin duda alguna lo tenían encantado, respondiendo los «saludos» con una gran sonrisa en los labios.

Llegamos a Barranco, y hasta el edificio en que yo vivía, porque Dios así lo quiso. La cara de satisfacción de Frejolito era todo un sol. El hombre era feliz, por lo cual no tuve más remedio que darle un fuerte abrazo y decirle a usted sí que lo quiere la gente.

EL CHOLO LOZA

Lo conocí en el primer año, en la Facultad de Derecho de la cuatro veces centenaria Universidad Nacional Mayor de San Marcos, en el patio de entrada. En esta facultad, también, los dos nos graduamos de abogados. No ejercimos la profesión, pues yo me dediqué a lo mío, que es escribir, mientras que él se dedicó, en cuerpo y alma, a la televisión, donde realmente fue un triunfador. Y algo en lo que concuerdo plenamente con otros compañeros de la Facultad de Derecho es que era más divertido en la universidad que en la televisión nacional. Y también mucho menos vulgar, aunque en la televisión se hizo realmente famoso con un personaje pícaro y de raigambre andina llamado Nemesio Chupaca, y más adelante con una parodia política en la que daba rienda suelta a su ingenio cuando encarnaba a Camotillo el Tinterillo. A mí me hizo un gran favor cuando me bautizó como Míster Bryce, ya que mis compañeros de estudios eran en su mayoría bastante izquierdosos en aquella época en que el antiimperialismo estaba de moda y no era muy conveniente que los compañeros de clase no fueran izquierdosos. De aquella época viene lo de *Yankee Go Home*. Y a Nixon, entonces vicepresidente

158

de los Estados Unidos, realmente lo largaron de la universidad a pedrada limpia.

Hablaba antes de lo divertido que podía ser Tulio Loza en la universidad. Por las mañanas, por ejemplo, tomaba de punto a la secretaria del rector Luis Alberto Sánchez, excelente profesor de Literatura y senador de la República. Mientras la muchacha aquella subía las escaleras que daban al corredor del segundo piso, Tulio Loza empezaba a silbarle muy marcialmente. La pobre chica, día a día, perdía el paso y una mañana se cayó, incluso, y todo por causa del silbido de Loza y de los demás alumnos, que entonaban entonces aquella cantaleta. Para mí lo mejor de Tulio Loza fue siempre la manera en que se reía de sí mismo, imitando a un personaje recién llegado de las alturas andinas, que en este caso era su Abancaycito. La verdad es que conmigo fue siempre un gran alcahuete ya que me presentaba una tras otra a las chicas que a mí me gustaban. Y realmente me hacía mucha gracia la manera en que cogía a esta o a aquella muchacha por el brazo y le decía: «Señorita, no pierda usted la oportunidad de conocer a Míster Bryce, que es hijo y nieto de banqueros.»

A mí me acompañaba todos los días hasta el Banco Internacional, donde yo solía encontrarme con mi padre después de clases y volver a casa para almorzar. No había chica que no tuviera sus piropos o su silbidito en el camino y casi todas le respondían con una sonrisa o un «buenos días, Tulio». Y aquí viene el lado profundo de Tulio Loza. «Verá usted, Míster Bryce, que esta caminata se volverá cada vez más penosa a medida que nos acerquemos al quinto año de Derecho. Y es que todos le pedirán que hable usted con su padre para que les consiga un puesto en el banco.» La verdad es que estas palabras del cholo Loza fueron como una profecía de lo que me esperaba vivir con el paso del tiempo. Me faltan los dedos de ambas manos para contar la cantidad de compañeros de la Facultad de Derecho que, en efecto, se me acercaron para pedirme el mismo favor de conseguirles una entrevista con mi padre. Pues la advertencia del cholo Loza se encarnó, tal como me la había vaticinado. Lo peor de todo es que no encontraba la manera de explicarles a aquellos compañeros que el nepotismo es algo que mi viejo realmente no soportaba. Varias veces traté de explicarles esto a distintos compañeros y siempre con los mismos resultados negativos.

En fin, prefiero hablar ahora de un tema mucho más divertido y agudo al mismo tiempo. El cholo Loza me venía siempre con la misma cantaleta. «Tiene usted que conocer a mis cuatro hermanitas, que están de mamey, por decirlo de alguna manera.» Finalmente yo accedí al pedido del gran Tulio y lo acompañé hasta la casa en que vivía, situada en el centro de Lima y en la calle de la Buena Muerte. El cholo se había olvidado de su llave, no sé si intencionadamente, pero lo cierto es que tocó el timbre y pasado un momentito abrió la puerta una muchacha sonriente. Tulio Loza me miró y me dijo al ver a su hermana, que, la verdad, fea no era, pero tampoco bonita:

—Esta es pues la regular, Míster Bryce...

POETA Y ASTRÓLOGO

Lo conocí en París, donde él vivía también y casado con una señora llamada Nadine, que trabajaba en las Galerías Lafayette. Se llamaba Rodolfo Hinostroza y a París llegó en la época en que todavía no le había dado por la astrología. Era solamente poeta cuando llegó, y también cuando empezó un psicoanálisis interminable que luego publicó con el título de *Aprendizaje de la limpieza*. También publicó un excelente poemario llamado *Contra natura*. El único trabajo que le conocí fue el de pegar afiches de una agencia de viajes en el Barrio Latino. Rodolfo se pasaba días enteros sentado en un café cuyo nombre he olvidado, pero que quedaba también en el Barrio Latino, y por las noches visitaba a cuantos amigos tenía y ahí comía y deslumbraba a todos con su gran elocuencia. Tenía una amante, una muy bella amante que se llamaba Michelle y que vivía no muy lejos de mi departamento.

Muy tarde una noche Rodolfo me llamó por teléfono, me preguntó si podía alojarlo por un día, a lo cual respondí diciéndole que se pasara por casa no bien pudiera. Rodolfo llegó ya de madrugada y le indiqué que podía dormir sobre un pequeño diván que había en la sala de mi departamento de la rue Amyot, en pleno Barrio Latino. Me agradeció y comenzó a hablarme de Michelle interminablemente. Nos acostamos de madrugada, aquella vez. Y a los dos o tres días me leyó con su voz gangosa y ronca el largo poema que había dedicado a Michelle y que recuerdo siempre como uno de los más bellos que he leído en mi vida. Deduje que Rodolfo se había separado de su esposa Nadine o que esta lo había puesto de patitas en la calle al enterarse de sus amoríos con la tal Michelle. O sea que deduje, también, que la madrugada aquella en mi departamento iba a prolongarse por lo menos dos o tres días más. Pero no fue así. Le pregunté por fin hasta cuándo se iba a quedar y me dijo que tan solo unos días más, pero resultó que el tiempo se iba extendiendo y que Rodolfo seguía ahí, y que por la ducha pasaba muy pocas veces. Pero, por increíble que suene, fui yo quien tuvo que mudarse a un hotel que quedaba muy cerca de la rue Amyot. Y allí estuve por un buen tiempo más hasta que decidí enfrentarme a él y sacarlo de mi departamento aunque fuera a patadas. Pero Rodolfo, inefable como siempre, aceptó que ya no podía quedarse más. Se fue tal y como llegó, y no lo vi más por un buen tiempo.

Caminaba yo una noche en que nevó con Carlos Barral, el célebre editor y poeta que publicó en España varios de mis libros, cuando nos topamos con Rodolfo, quien había publicado también *Contra natura* con Barral Editores. Recuerdo las palabras sobre Rodolfo que se le ocurrieron a Carlos Barral, no bien nos despedimos de él:

–Nos hemos topado con el abominable hombre de las nieves –me dijo Carlos.

Seguimos caminando hasta encontrar un bistró abierto en el que nos sentamos un rato a conversar.

162

—Pues el amigo Hinostroza me acaba de enviar un tomazo sobre su psicoanálisis. El título es *Aprendizaje de la limpieza*.

—¿Y qué tal? —le pregunté yo.

—Aún no he tenido tiempo más que para hojearlo, pero me da la impresión de que es algo así como un canto de amor por una tal Aurora Braun.

Y así fue, en efecto. Se trataba de un interminable intento de olvidar a la tal Aurora Braun.

Recordé entonces que en Lima yo me había cruzado una vez con Aurora Braun, muy cerca del Parque Universitario. Era una muchacha morena, de pelo crespo, con unos ojos negros de gitana, alta y delgada y provocadoramente atractiva. Pues sí, esa tenía que ser la Aurora Braun que, años más tarde, dejaría plantado al poeta Hinostroza allá en Lima, y que lo llevaría, literalmente, por la calle de la Amargura.

Quise saber cómo era la tal Aurora Braun y pregunté por ella a algunos compañeros de la universidad.

—La llaman La Musa —me dijo uno de ellos que también era poeta.

Años después en París conocí a su hermano Herman Braun, gran amigo mío hasta el día de hoy. Herman es un pintor fuera de serie y a mí me hizo dos excelentes retratos de los cuales uno lo compró la agente literaria Carmen Balcells para colgarlo en la sala de su agencia. El otro me lo regaló a mí. Por alguna razón que desconozco, Herman Braun nunca me habló de su hermana Aurora y yo nunca le pregunté por ella tampoco. Y fue en Lima, años después, donde me enteré de que Rodolfo había sido el enloquecido amante de Aurora, que ella lo había llevado del cielo al infierno antes de romper con él, y que sin duda por ello Rodolfo se marchó a París, donde empezó con su interminable psicoanálisis. Finalmente, una vez publicado el libro en cuestión, se dio de alta él mismo y regresó al Perú.

En Lima tuvo varios empleos, de los cuales yo recuerdo dos. Periodista en la revista *Caretas* y cocinero en un restaurante en Barranco. En *Caretas* se quedó siempre, hasta su muerte. Allí, también, publicó un artículo en el que contó que el escritor Manuel Scorza, avaro como era, según él, murió en un accidente aéreo envolviendo veinte mil dólares con ambas manos, algo que no le gustó a nadie en Lima, y que además era totalmente falso. Lo del restaurante fue un fracaso, porque la verdad es que Rodolfo era un extraordinario cocinero pero un pésimo administrador. Estaba hecho para cocinar en *petit comité* pero nada más, y en su restaurante constantemente se sentaba en la mesa de algún comensal y se ponía a leerle su destino, tomándose, además, una copa de vino.

Un día volvió a la astrología y a los horóscopos y cuenta la leyenda que con gran éxito. Y tanto que un empresario lo convenció para ir a Ciudad de México, poner el negocio de astrólogo allá y forrarse. Al final Rodolfo regresó con una mano atrás y otra adelante. Lo habían estafado con alevosía y gran maldad. Yo entonces lo vi varias veces y hasta presenté un libro suyo en una importante librería situada en la avenida Diagonal, en Miraflores.

Enterado de que Aurora Braun había ingresado a un convento de clausura tiempo atrás, en Moquegua, me parece recordar, Rodolfo decidió dirigirse a esa localidad y visitar, aunque fuera unos minutos, a la madre Aurora Braun. En fin, que el pobre Rodolfo se creía sin duda que el *Aprendizaje de la limpieza* le había permitido volver en paz consigo mismo y hacérselo saber a la misma Aurora Braun, que fue su musa. Pero resulta que no, Aurora Braun lo había olvidado por completo y tanto que ni siquiera lo reconoció.

Rodolfo regresó a Lima deshecho y se embarcó de inmediato y nuevamente rumbo a Barcelona, donde ya nadie lo recordaba siquiera o no lo quería recordar.

Entretanto en Lima había una epidemia de cólera y Rodolfo regresó tal como se había ido, y cuando alguien le preguntó por qué había escogido tan mal momento para regresar, respondió categóricamente:

—Prefiero el cólera a la indiferencia.

LE GRAND CERCLE

Este famoso casino de París quedaba en la Place de L'Étoile. Nunca he tenido nada que ver con el juego y siempre he preferido una buena conversación con un amigo a cualquier juego de azar. Ni siquiera había estado nunca en un casino, cuando un embajador peruano, a quien los peruanos de París apodábamos Taca-Taca por su gran locuacidad, se me apareció en mi casa para invitarme y que lo acompañara a Le Grand Cercle. Definitivamente, lo que Taca-Taca necesitaba era un compañero de juego cuando se le ocurrió pensar en mí para tal propósito. Mi mejor defensa fue el ataque, y le dije al embajador que no solamente no tenía idea del juego, sino que tampoco tenía un centavo para apostar. Taca-Taca me parece que no estaba para contradicciones: me dijo que me prestaba una buena suma de dinero y que el azar decidiría las cosas. En fin, que el embajador no se quedaba corto de argumentos y con su tremenda insistencia logró que le aceptara su préstamo.

Una vez en el casino, el embajador y yo tomamos asiento delante de una ruleta y empezamos a jugar. Por supuesto que el whisky tampoco faltaba para darnos coraje y arriesgar nuestro dinero sin temor alguno a perderlo. Pero las cosas se complicaron cuando yo empecé a perder y él a ganar una y otra vez. Pasado un buen rato era ya bastante grande mi deuda con Taca-Taca. El dinero que me había prestado prácticamente había desaparecido y durante un buen rato la cosa siguió igual de mal para mí. Pero, después, paulatinamente fue creciendo la mala suerte del gran Taca-Taca, mientras que, en cambio, mi suerte había mejorado notablemente. Y así, de hora en hora, el tiempo fue ejerciendo su dominio mientras los vasos de whisky se llenaban y se vaciaban casi a la velocidad de un rayo y mi dinero se volatizaba nuevamente. Realmente ya yo no lograba controlar mis partidas y Taca-Taca seguía pierde y pierde. Cerraban el casino cuando Taca-Taca me dijo que le prestara un poco de dinero para hacer un último intento con la ruleta. Jugó y perdió en menos de lo que canta un gallo, hasta que por fin nos dimos por vencidos y entonces a Taca-Taca se le ocurrió la peregrina idea de que yo le debía dinero y que a los préstamos que me hizo se debía su lamentable situación. La verdad, yo no sé quién le debía dinero a quién pero Taca-Taca insistía en que le pagara lo que le debía. Una vez en la calle intenté ponerle punto final a todo aquello. No volví a ver a Taca-Taca ni tampoco él me buscó más, y así nunca se supo a quién le fue mejor o peor aquella noche timbera.

HENRI CIRIANI

Conocí a este gran arquitecto peruano en París, poco
antes de 1970. Estaba casado, entonces, con una hacendosa muchacha llamada Marcela Espejo, y nuestra amistad
surgió, creo, desde el primer día en que nos vimos. Antes
de dejar Lima y de instalarse en París, Quique, como todos
le llamábamos, ya había participado en el diseño de un
enorme conjunto residencial llamado San Felipe, que con
los años ha ido adquiriendo cada vez mayor valor y pres-
tancia.

Mi primer recuerdo de Quique es visual, y de él me
queda la memoria de un muchacho alto, flaco, y muy nari-
gón, que siempre llevaba unos pantalones demasiado cortos para ser largos y demasiado largos para ser cortos, y
unos calcetines de color amarillo que desentonaban totalmente con su uniforme de escolar del colegio Santa María,
entonces en San Isidro o Miraflores, no recuerdo bien, y
en el que yo terminé mi educación primaria. Pues no volví
a ver a Quique hasta 1968 o 1969, en que alguien me lo
presentó a él y a Marcela, su esposa. La amistad surgió casi
de inmediato y aún la recuerdo a ella trayéndome el almuerzo a mi estudio de la rue de l'École Polytechnique, en

168

pleno Barrio Latino, y que yo compartía con el inefable Allan Francovich, debido a que me encontraba con una fuerte sinusitis que literalmente me había tumbado, como siempre me pasaba con esa maldita enfermedad crónica.

Los Ciriani eran muy acogedores y todos los domingos o casi me invitaban a almorzar con otros amigos peruanos, arquitectos varios de ellos, como Freddy Cooper. Eran amigos fieles y generosos que alguna vez incluso alojaron a un dirigente estudiantil de la izquierda peruana, de apellido Collantes, si mal no recuerdo, al cual París y la lejanía del Perú habían hundido en una fuerte depresión y no se movía del fondo de la cama, y así hasta que regresó de urgencia al Perú.

Después vino Mayo del 68 a aguarles la fiesta a los Ciriani, y parece que Quique soltó una cana al aire, llevado por aquella rebelión juvenil. Lo cierto es que un ataque de celos llevó a Marcela a arrojarse a la calle por el balcón y a hacer el ridículo al quedarse enganchada en un barrote.

Uno de aquellos domingos los Ciriani me recibieron junto con un pequeño grupo de amigos. Entre los invitados de ese día estaba nada menos que Allan Francovich, intentando bailar una marinera con una hoja de lechuga llena de salsa huancaína y salpicando a medio mundo. Entre los presentes estaba también el arquitecto peruano Alejandro Piqueras, gran mitómano, que no tuvo reparos en contarles a los dueños de casa que yo andaba diciendo por calles y plazas que Marcela era mi amante. Ese cretino torturó a una linda chica peruana bastante menor que él y que se creyó la gran mentira de que Piqueras sufría de un fuerte cáncer, para retenerla, solo para retenerla. Todo esto coincidió con la llegada de Cecilia, la hermana menor de Marcela, con quien yo empecé a salir poco después. El hecho es que Marcela y Quique no me perdonaron este disparate y me botaron de su casa. Yo seguí saliendo con Cecilia, a pesar de todo, y tuve bastante suerte en mis fugaces salidas con ella. Pero a Cecilia los Ciriani le contaron que yo era un marxista-leninista y un gigoló ateo, aunque ello no impidió que yo siguiera saliendo con ella hasta que abandonó París sin aclarar nada conmigo.

Poco después yo me hice amigo del propietario de un gran hotel miraflorino llamado entonces Cesar's, y que hoy se llama Casa Andina, al cual fui invitado siempre en mis visitas al Perú de los años setenta y ochenta. Por ahí cerca debía vivir entonces nada menos que Cecilia Espejo, la hermana de Marcela, convertida ahora en una gorda muy gorda y que insoportablemente me perseguía por todo Miraflores.

Nunca más vi a Cecilia, como tampoco vi a Marcela y Quique Ciriani, que con el tiempo y su vida laboral se había convertido en Henri Ciriani, y ya no Enrique Ciriani. Aunque en realidad volví a ver a la pareja, pero muy fugazmente. Quique regresó al Perú y Marcela me llamó varias veces pero nunca concretamos un día fijo para volvernos a ver. Recuerdo la voz nerviosa y mandona que era habitual en ella y el desconcierto que me producía ese mismo tono de su voz al hablarme. En algún evento posterior, sí me acerqué a saludar a Quique, pero había tal tumulto que salí disparado, contando con que la buena suerte y los frecuentes viajes de la pareja a Lima nos volvieran a reunir. Pero no fue así.

No fue así, o sea que lo que aquí cuento es información que me han dado algunos amigos comunes que como yo han regresado al Perú, pero posteriormente. Por esas personas he sabido que la triunfal carrera de Quique en París se debió a que muy joven aún, o sea allá por 1968, llamado también «el sesenta y ocho francés», se adhirió al

Partido Comunista, en la época de aquel atrabiliario dirigente llamado Georges Marchais. Este partido estuvo siempre muy lejos de llegar al poder pero tuvo, eso sí, una gran presencia en las municipalidades de los suburbios de las grandes ciudades. Fue famoso por su buena gestión de los fondos públicos y también por sus obras en dichos suburbios. En alguna oportunidad tuve en mis manos un libro sobre la obra arquitectónica de Quique Ciriani, en la que lo funcional triunfaba sobre lo decorativo y su arte había quedado expresado en edificios de alcaldías locales, de centros deportivos y plazas públicas. En todas estas edificaciones lo funcional estaba sin duda ligado a las necesidades presupuestales. Ahora que lo recuerdo, y según leí en alguna entrevista, en ella Quique hablaba de Marcela, su esposa, como la cajera. Ya lo último que supe de este gran arquitecto es que volvió o volvía al Perú con relativa frecuencia o por estadías largas y que dictaba clases en alguna universidad limeña. Me imagino que aquellas clases eran de Arquitectura, pues esta profesión ha sido la gran pasión de su vida.

EN INVIERNO ES MEJOR UN CUENTO TRISTE

Neblina limeña. Cerro pelado. Gris. Mar. Humedad. Frío. Qué horror. Cala. Se mete. Hasta los huesos. Por los rincones, chiflón. Faltan árboles. A gritos. No hay color verde. Vida. ¿Dijo usted medio ambiente? No. Yo dije contaminación ambiental. Gases. Micros. Choferes asesinos como si nada. Tráfico. Ley de la selva en el desierto. Y dije también que nos había tocado un invierno de esos. Atroz. Como doble. ¿Cómo? Mire, el poeta César Vallejo lo dijo mejor que nadie: «Hace un frío teórico y práctico.» Y así también la crisis. Y el Perú es un país con muchas leyes, pero sin ley. Y...

El abrumado empresario escondía su desesperación entre los pliegues de su cultura y los recovecos de un humor a prueba de balas. Pero últimamente las cosas de sus negocios y los bancos quebrados y la junta permanente de acreedores, también endeudados, ocupaban tanto su tiempo, despierto y dormido, que ya no le quedaba un segundo para perderse entre los intersticios de su bonhomía o los placeres de la buena mesa y la conversación, y más bien tendía a extraviarse por desfiladeros de limeña neblina invernal, de playas peladas y cerros calatos, y de esos cielos gris mar donde el eco le repetía la suma de sus deudas y la injusta certidumbre de su quiebra inaplazable.

Las cosas, así de malas, venían de lejos. De muy atrás. Más allá todavía de esa década de los noventa, en la que en el país no se había generado, en términos natos, ni un solo puesto de trabajo estable y con remuneraciones adecuadas. Más allá todavía de ese volumen titulado *La adolescencia en el Perú,* cuyos autores escriben sorprendidos que «el coeficiente de inteligencia en el grupo de 11-12 años es menor que el del grupo de 6-7 años, a pesar de que normalmente este coeficiente debe incrementarse con la edad». Y más allá también de unas cifras hechas públicas por la Sociedad Geográfica de Lima, según las cuales el nivel intelectual de los niños y jóvenes del Perú es uno de los más bajos de América Latina, muy a menudo apenas sobrepasa los 80 puntos, o no alcanza los 100, mientras que en Chile alcanza un promedio de 125 puntos. Y más allá también del hambre de un cuarenta por ciento de costeños y hasta de un sesenta por ciento de andinos que estiran la mano y muchos votos para saciar el hambre con las migajas politizadas de un gobierno limosnero.[1]

—¡La fregata! —dice, de pronto, el empresario abrumado. Y añade—: Nos fregamos, esto no lo salva ni Dios.

El empresario abrumado sabe de estas cosas porque trabajó y sudó y meditó, porque fue a los mejores colegios, porque hizo estudios de posgrado en los Estados Unidos y en Europa, y porque quiso hacer empresa en el Perú y educar en él a sus dos hijos, varones ambos, adolescentes. Él no es un ciudadano común y corriente, salvo, claro, por lo abrumado que anda ahora que ha alcanzado el estado de

1. Datos obtenidos en la revista *Quehacer,* 118 y 124, de mayo-junio de 1999 y mayo-junio de 2000.

ánimo que les es común a la mayor parte de sus compatriotas. Pero el ciudadano de a pie, de a pie ya con las justas, no es informado por su gobierno. Este emite partes de campaña más bien. Y casi siempre estos partes dicen exactamente lo mismo: «Aquí no pasa nada», o: «Todo es normal.» Y el empresario, abrumado, lúgubre como personaje de un cuento de invierno, reflexiona y concluye: «Y la normalidad es precisamente lo más espantoso de esta degradación infinita.»

Pesimista, el empresario abrumado siente cómo lo aplasta la impotencia, cómo lo moja hasta adentro la oscuridad de los presagios, el panorama sombrío y cerrado que tanto se parece a la vista sin vista de la gran ventana dúplex de su departamento barranquino con vista al mar. La lontananza no existe en esta ciudad anfibia y fea. Recuerda un relato de aquel misterioso escritor llamado Romain Gary, que fue uno y fue muchos, y que escribió un hermoso y triste relato titulado *Los pájaros van a morir al Perú,* que fue llevado al cine con actores como Charles Bronson, Fernando Rey, Jason Robards y Dominique Sanda. El retrato del general Manuel Apolinario Odría, dictador, por supuesto, presidía cada una de las escenas de la comisaría en que Fernando Rey hacía de corrupto coronel de la policía peruana. El retrato de Odría situaba la película en el tiempo, también en el lugar común: Perú país de botas y sables, de autoridades corruptas y playas anémicas cual cementerios de pájaros marinos.

El empresario abrumado continúa evocando y se ve caminando por los Campos Elíseos, en París, y vuelve a vivir el instante en que la vista al paso de unas fotos en colores, publicidad de una película, lo atrajeron fatalmente al vestíbulo de un gran cine; aquellas fotos actuaron como un imán, aquellas fotografías lo llamaron fuerte y desde muy lejos. Eran sus playas colgadas en las vitrinas de un cine parisino y el título de la película todo un comentario, todo un programa de vida: *Los pájaros van a morir al Perú.*

«¡La fregata!», recuerda que había dicho, entonces, el joven posgraduado que no tardaba en regresar a trabajar en el Perú.

Pesimista, abrumado, buen lector, el empresario amaba el mar y en su biblioteca tenía entre otras joyas una muy antigua y buscada edición de *Moby Dick,* la inmortal novela de Herman Melville, cuya visión de Lima era, como ninguna, el escenario de un cuento triste:

> Ni es, en conjunto, el recuerdo de sus terremotos derribando catedrales, ni las estampidas de los mares frenéticos, ni la ausencia de lágrimas en áridos cielos que jamás llueven; ni la visión del ancho campo de agujas inclinadas, bóvedas desencajadas, y cruces desplomadas (como penoles inclinados de flotas ancladas), ni sus avenidas suburbanas de paredes de casas caídas unas sobre otras, como un castillo de naipes hundido; no son solo estas cosas las que hacen de Lima, la sin lágrimas, la ciudad más extraña y triste que puede verse. Pues Lima ha tomado el velo blanco; y hay un horror aún más alto en esa blancura de su pena. Antigua como Pizarro, esa blancura conserva sus ruinas para siempre nuevas; no deja aparecer el alegre verdor de la decadencia completa; extiende sobre sus rotos bastiones la rígida palidez de una apoplejía que inmoviliza sus propias contorsiones.

–La fregata, desde siempre. Desde Pizarro, al menos –comenta el empresario abrumado, pero ni siquiera reconoce ya su voz.

Opta por un whisky, y dos, y maldice porque al tremendo ventanal con vista al mar hace días que no logra sacarle ni una imagen, solo neblina cerrada, panorama de cerrazón, y punto. Observa algunas de sus antigüedades, que pronto le embargarán, también. Tiene verdaderos tesoros, pero se detiene ahora en una herrumbrosa llave de la ciudad de Lima, recién proclamada capital del Virreinato del Perú. Perteneció a Nicolás de Ribera, el Viejo, uno de los trece de la isla del Gallo, conquistador del imperio incaico y primer alcalde de Lima. Con un tercer whisky, el empresario abrumado se oye decir, mientras abre la vitrina en que se encuentra la pesada llave, la levanta, la pesa y la sopesa, y la introduce en un bolsillo de su saco de fumar:

–Mis hijos no tienen veinte años y Madrid les gusta más que Miami o cualquiera de esas ciudades norteamericanas que tanto atraen a los muchachos de hoy. Y yo soy viudo, no he cumplido aún los cincuenta años, por donde me toque no me duele absolutamente nada, y todavía le gano en squash a cada uno de mis amigos.

A la mañana siguiente, este hombre se mira en el espejo mientras se afeita, y por primera vez en años se reconoce. Pocos días más tarde ni él ni sus hijos son habidos en el Perú. Atrás han quedado sus empresas, sus casas, sus cosas, su gran biblioteca, el tesoro que son sus antigüedades. Pasto de ávidos e implacables acreedores.

El exempresario y sus hijos viven ahora en una correcta pensión de Madrid, donde, antes que nada, este hombre le ha escrito una breve carta al rey de España, con la total seguridad de que será comprendido. No espera respuesta, tampoco pide favor alguno, solo apela a la esmerada educación de un monarca y al conocimiento que sin duda tiene de aquel país que algún día fuera pieza clave del Reino de España, y que hoy... Y apela también –aunque de esto solo tiene conocimiento por la televisión, algunas revistas y

un par de libros– a la inteligencia de su mirada y de su sonrisa, a la bondad de sus gestos y al sentido del humor cojo-
nudo de que ha hecho gala, en más de una oportunidad, el
rey de España. El exempresario ha adjuntado a su carta,
simbólicamente, una llave bastante herrumbrosa de la ciudad de Lima en el momento de su fundación. Es la misma
que perteneció a don Nicolás de Ribera, el Viejo, el conquistador que conoció el hambre, el sudor y el riesgo de
seguir al sur, desde la isla del Gallo, rumbo al Perú. El
exempresario considera que adjuntar esa llave tiene su toque de humor, también, a que no... Su carta dice así:

> Majestad:
> Cinco siglos después, vengo a devolverle los trastos.
> Y no tengo más comentario que hacerle a quien,
> como usted, conoce de tauromaquia, que citar estas pala-
> bras del torero Rafael Guerra, «Guerrita»: «Lo que no
> puede ser no puede ser y además es imposible.»
> La llave que le adjunto dice algo de una puerta que
> se cierra y también de una cerrazón, en la primera acep-
> ción que de esta palabra nos da el *Diccionario de la Real
> Academia Española:* «Oscuridad grande que suele prece-
> der a las tempestades, cubriéndose el cielo de nubes muy
> negras.»
> Permítame, Majestad, que, para concluir, hable en
> un plural, nada mayestático, por cierto: «Hicimos todo
> lo posible.»

La carta no lleva remitente ni ambición alguna. Es tan
solo el punto final de un cuento de invierno.

EL HOMBRE QUE CORREGÍA EL MUNDO

Henri Beyle, llamado Stendhal, nació en Grenoble, Francia, y vivió en Milán, Italia, las décadas que cimentaron la fama de su nombre literario. Fue ante todo un gran viajero y un gran mitómano. Aburrido de su Grenoble natal, abandona esta ciudad siendo todavía un hombre joven, y lo que no está nunca claro es si él descubrió Italia o si Italia lo inventó a él. En todo caso, Stendhal abandona pronto su ciudad natal para convertirse, poco tiempo después, en un gran soñador. Un soñador capaz de reinventar el mundo en cada uno de sus libros, como si tuviera la firme convicción de corregir el mundo. Siempre he dicho que, entre todos, Stendhal es mi escritor preferido. Creo que nadie inventó mejor que Stendhal el ensueño, la ambición y el mar. A él le debemos una Italia que él mismo llamó el territorio de la pasión. Sus libros exaltan la libertad y la pasión, encarnados, a su vez, en personajes enamorados de la vida diaria, que eternamente quieren transformarla, y traidores que muchas veces se contradicen y van incluso contra sus propias ensoñaciones.

Yo creo que en la obra de Stendhal no hubo nunca un personaje tan libre, tan contradictorio y tan esclavo a la vez como Lorenzo Palla, en la conocidísima novela *La cartuja de Parma*. Lorenzo Palla, bandido y forajido, si los hay, se presenta a sí mismo con las siguientes palabras: «Yo soy Lorenzo Palla, hombre libre.» Pero contradictoriamente es un esclavo de su pasión por una mujer a la cual entrega el fruto de todos sus asaltos y de todas sus victorias. Esto es lo que los críticos han llamado el territorio de la pasión, gran combinación en la que se mueven prácticamente todos los personajes de su obra literaria.

Siempre he citado a Stendhal entre mis escritores preferidos. Pero con el correr de los años Henri Beyle ha terminado por convertirse, sencillamente, en mi autor favorito. Me doy cuenta ahora de que en todos los viajes que he hecho, y que son muchos, siempre embarqué conmigo algún libro de Stendhal. Siempre lo tuve a mi lado para leerlo y releerlo a mi antojo. Y aunque parezca mentira, puedo recordar ahora la soleada mañana aquella en que, sin darme cuenta de nada, puse a mi lado en el salón de un hotel en Las Palmas de Gran Canaria *La cartuja de Parma*. Y así hasta que, increíblemente, me di cuenta de que andaba yo aplaudiendo esta novela con un goce y una alegría y una devoción totales.

No soy ya un profesor universitario. He dejado de serlo al cabo de varias décadas de ejercer la docencia en distintas universidades de Europa y América. Pero, como hemos estado hablando de mi escritor favorito, y como si diera fin a uno de mis cursos, no puedo dejar pasar la oportunidad de extenderles a ustedes una invitación a la lectura de Stendhal.

EL TREN MÁS CARO DEL MUNDO

No es lo mismo viajar a bordo del tren más caro del mundo como turista que como informador. Los primeros fotografían y se fotografían ensimismados junto al gaitero vestido con el típico atuendo escocés que los recibe en la estación, mientras que el reportero fotografía embelesados turistas y, de paso, el reflejo del gaitero en la ventana de un vagón. Por cuatro días y medio y cuatro noches de viaje, cada pasajero abona 4.500 dólares por el privilegio de viajar en él. La grifería no es de oro macizo ni los compartimentos están revestidos de caoba con remaches de piedras preciosas. Son vagones de época, restaurados, que incluso muestran indicios de envejecimiento. Al fin y al cabo pronto hará dos décadas que el Royal Scotsman empezó su singladura.

Un compartimento doble posee un armario, una mesa escritorio, un par de literas separadas –no es un destino idóneo para lunas de miel– y un baño ducha. Perfecto y confortable. El menú es exquisito, concebido para contentar el estómago de personas con alto poder adquisitivo y familiarizadas con los mejores restaurantes. Los cocineros le tienen tomada la medida al menú para el que tenga apetito y cumpla con sus tres comidas diarias que, a bordo de un tren de lujo como este, son momentos importantes. La mitad de las cenas son de rigurosa etiqueta, esto es *smoking* para ellos, vestido largo y mucha pedrería para las señoras. En las veladas informales se aconseja el uso de corbata y saco, aunque, como estamos en Escocia, también se permite el uso de faldas en los caballeros, el popular *kilt*. El buen gusto, no obstante, recomienda evitar una gorra que le haga juego.

La mayor parte de los viajeros de este tren procede de los Estados Unidos (casi todos venidos por la llamada de sus raíces ancestrales o porque un tren «exclusivo» es algo que todavía no han explotado) y, en menor medida, británicos deseosos de gastar sus ahorros en las islas que los cobijan, en lugar de despilfarrarlo como la chusma que frecuenta las islas del Mediterráneo, del Atlántico o del Caribe.

El lugar de reunión, donde durante un par de noches amenizan la velada un acordeonista vestido en traje típico y una escocesa reivindicativa que deleita con melosos arpegios de arpa a los pasajeros que todavía no se han escapado a un pub cercano, es el vagón observatorio. Espacioso, con amplios butacones, una plataforma-mirador en el extremo y, sobre todo, camareros atentos al menor capricho de los pasajeros, este es el centro por excelencia. Junto a un tentador pastel británico, a la hora del té, también es el lugar más apropiado para estrechar las relaciones sociales antes y después de las comidas. El movimiento cadencioso del tren ayuda a rememorar aventuras de antaño a los europeos, mientras que los norteamericanos apenas conocen lo que es un tren. En todo caso son recuerdos antiguos para la mayoría: con lo que se paga por un billete, pocos son los menores de cuarenta años que pueden permitirse el capricho de subir a este tren de lujo, si exceptuamos, claro está,

181

a los menores que acompañan a sus padres. La empresa, sin embargo, desaconseja este viaje a los menores de trece años.

Después del obligado y amistoso cambio de impresiones, en que sale a colación la procedencia, los viajeros procuran indagar –con discreción la mayoría y sin contemplaciones los más brutos– la profesión de sus interlocutores. «*What's your business?*», pregunta, con la misma delicadeza que lo haría Bush, un texano de San Antonio, propietario de un próspero negocio de funerarias. Aparecen abogados, médicos, empresarios, asesores financieros, jóvenes *brokers* o informáticos residentes en Silicon Valley. Todos brindan con un magnífico whisky añejo servido para la ocasión. Las afinidades naturales se desvelan rápido –no hay tiempo para dilaciones: son solo cuatro noches– y, al final, casi todos escribirán en el libro de visitantes, al que tan dados son las islas británicas, frases por el estilo: «El mejor viaje de mi vida», «Fabuloso» e «Inolvidable», que siempre quedan bien.

El tren recorre, y se detiene, en algunas de las zonas más bellas del país. Las excursiones son variopintas: el castillo de Eilean Donan (que sale en todas las guías de Escocia), otra visita a un castillo, aunque en esta ocasión en la isla de Skye, un paseo en lancha para ver a las focas tumbadas sobre rocas, una piscifactoría de salmones, una refinería de whisky, un parque natural y, puesto que estamos en Escocia, otra visita a un castillo, aunque en esta ocasión incluye charla privada con sus propietarios. Cuando estos explican, como quien no quiere la cosa, sus relaciones con la realeza británica, algunos –especialmente los yanquis– sueltan un tímido balbuceo de admiración. También está programada una visita a una tienda de productos escoceses y un paseo a las cascadas de Bruar para los que disfruten mirando durante más de una hora telas escocesas y palos de golf.

La verdad es que un «crimen» –fingido, por supuesto– no le vendría nada mal al Royal Scotsman, para hacer más distraídas –si cabe– las veladas o los desplazamientos. Así los pasajeros se entretendrían buscando al asesino, en la más pura tradición de Agatha Christie. Aunque, quizá, serían unas reminiscencias para un tren que es estandarte de la magnificencia y belleza del paisaje de Escocia. Además, el culpable sería siempre el responsable del servicio de habitaciones, que es el que tiene menos coartada.

El último día el tren llega a Edimburgo pasadas las nueve de la mañana. Los equipajes aparecen como por arte de magia en los andenes, al lado de la parada de taxis. Una limosina o elegantes automóviles ingleses recogen a la mayor parte de los ocupantes, y los que descubrieron que tenían afinidades se despiden anunciando contacto eterno, ante la imperturbable sonrisa del *manager* del tren y de los camareros. Como tiene que ser.

EL ÚLTIMO BAR DE LIMA

Recuerdo un paseo por Cartagena de Indias con Gabriel García Márquez. Íbamos cruzando la gran plaza en la que hasta hoy se encuentra la linda casa en la que no faltaba ni siquiera una pequeña sala de cine destinada a ver tranquilamente con sus amigos las películas que iría proyectando con el tiempo y los años. Tenía veintisiete butacas auténticamente de cine y una pantalla de gran tamaño, lo recuerdo con total nitidez.

En aquella ocasión, Gabo me preguntó si deseaba tomar un copetín. Le respondí afirmativamente y nos dirigimos a una estrecha calle llena de gente que iba de un lado a otro y sabe Dios adónde. El calor era insoportable cuando llegamos a la altura de un local en el que había un letrero que decía BAR, así con mayúsculas. Me disponía a entrar cuando el muy popular premio Nobel me tomó del brazo y me dijo que aquello no era un bar, sino un lloradero que la gente conocía muy precisamente con el inefable nombre de Lloradero de Pedro Infante. Añadió que como aquel local había decenas más pero que en todo Cartagena de Indias tan solo había un local que merecía llamarse bar.

—¿Y dónde queda? —le pregunté yo, muerto ya de sed aquella mañana de un sol de justicia.

—Pues varios lloraderos más allá —me respondió Gabo, y añadió—: Tenga usted paciencia, amigo Bryce.

Un par de cuadras más allá llegamos por fin a un local muy limpio y poco iluminado que realmente invitaba a pasar. Y así, mientras empujaba la hermosa puerta que daba acceso al local, Gabo me dijo que ese era el único lugar en toda Cartagena de Indias que realmente correspondía a lo que uno suele llamar un bar. Y entonces pude apreciar la gran diferencia que en realidad hay entre lo que se llama bar y lo que se conoce, según palabras del gran Gabo, como lloradero. Para empezar, el lugar era semioscuro y, en vez de una rockola de ruido atronador y de luz a todo meter, la música se escuchaba sin estruendo alguno e interpretada por cantantes tan famosos como Frank Sinatra y que en inglés suelen conocerse como *saloon singers*. Y así nos sentamos García Márquez y yo a tomar un par de negronis y a conversar tranquilamente sin que nada ni nadie nos interrumpiera.

Años después, y ya en Lima, he encontrado yo tan solo un local que merezca el nombre de bar y no de lloradero, según los conceptos del gran García Márquez. Y me estoy refiriendo nada menos que al Bar Olé, situado en el corazón de San Isidro. Este local, en una ciudad tan ruidosa como repleta de millones de peatones que van de un lado a otro como enloquecidos, es un verdadero oasis. La media luz le da su intimidad a un local en el que los mozos, elegantemente vestidos de azul, lo saludan a uno por su nombre y le muestran la carta de cocteles y de piqueos en un ambiente sereno y acogedor.

No me pongo ahora a enumerar los deliciosos condumios que ofrece el Bar Olé a sus clientes, aunque como botón de muestra puedo afirmar que los pinchos de tortilla española son bastante más ricos que los que uno puede encontrar en Madrid o Barcelona. La media luz ambiental contribuye a darle al Bar Olé un toque de privacidad que hace que, aun sin notarlo, los parroquianos moderen el tono de su voz y sean totalmente ajenos a cualquier aspaviento o carcajada. La privacidad en el Bar Olé es sinónimo de moderación y buen gusto. Francamente no me viene hoy a la cabeza otro local en Lima tan lejano de aquello que el gran García Márquez llamaba *lloradero*. Y me atrevo a decir que hasta el día de hoy no he encontrado yo otro lugar que invite tanto a la conversación en voz baja y moderada entre copas, bocadillos y trozos de carnes, como el *pepper steak,* que es un ejemplo más de la altísima calidad de un local al que, sin temor alguno a faltar a la verdad, llamaré el último bar de una ciudad tan bulliciosa y desordenada como es Lima.

V. En el Jardín del Edén

UN VIEJO AMOR

Según la canción, «... un viejo amor ni se olvida ni se deja [...] un viejo amor de nuestra alma sí se aleja, pero nunca dice adiós». Recuerdo claramente que me la presentó un forajido escolar apodado Patopo Ordóñez. Me cobró un sol por sus oficios de alcahuete. Era una chica de origen suizo, bajita y de nariz muy respingada. El escenario fueron las piscinas del Country Club, el bar al lado de la piscina para adultos y las canchas de tenis. En aquellos años de vacaciones uno iba por las mañanas a la playa de La Herradura, regresaba a su casa para almorzar y, por las tardes, caminaba hasta el Country Club, en San Isidro. Y fue precisamente en una de aquellas tardes en que pagué una moneda por conocerla. Se llamaba Teresa y no fue nada difícil empezar una conversación con ella y acompañarla al final de la tarde hasta su casa, que quedaba a unas cuadras de la mía, en la misma calle. La relación fue breve y sufrió los embates de una separación casi forzosa, ya que yo estudiaba fuera de Lima de lunes a sábado. Regresaba al internado los domingos por la noche, en que iba hasta la estación de trenes de Desamparados, en la vieja Lima, en el automóvil de mi padre, con la compañía de Teresa. El nombre de aquella estación ilustraba bastante bien el desamparo de unas palabras de amor pronunciadas en un tono menor, silencioso y tristón. Uno subía entonces al tren que tenía Chosica como destino final y viajaba en compañía de otros alumnos que retornaban al colegio. El autovagón se detenía en Los Ángeles, lugar de clima seco y soleado, a pocos metros del colegio llamado San Pablo, un internado que recién empezaba, por lo que solo había alumnos del primer año de estudios secundarios. Al año siguiente pasábamos a segundo de secundaria y así hasta llegar al quinto año de media, en que culminaban los estudios escolares y normalmente uno empezaba a prepararse para el ingreso a la universidad.

Mi relación con Teresa empezó a deteriorarse, se diría, el mismo día en que ingresé a la Universidad Nacional Mayor de San Marcos, aunque al final de mis años universitarios dejé de darle la importancia de los primeros tiempos y me puse por norte empezar a prepararme para un viaje a Europa largamente soñado. Me gradué de bachiller en Letras y de abogado más que nada por darle gusto a mi padre, que no veía con buenos ojos mi anhelo de convertirme en escritor allá en París. Y así fue, en efecto, como prácticamente dejé de frecuentar a Teresa sin motivo ni razón y casi sin notarlo.

Regresé al Perú con la idea de instalarme y fue en una comida en casa de un amigo común donde al cabo de unos treinta años volví a encontrarme con Teresa y a ponerme al día de lo que había sido su vida durante mis largos años europeos. Teresa tenía cuatro hijos y estaba separada y como muy excitada e inquieta con la idea de mi retorno al Perú para quedarme. Y ahí andaba yo conversando con el dueño de casa, cuando la oí decir, traviesamente, que bastaría con que ella pronunciara mi nombre para que yo corriera a su lado. La idea no era nada mala y al final de la noche habíamos bailado largo rato entre copas, bromas y risas.

Y aquí viene la historia de la decadencia y el horrible final de esta relación.

El hijo y las hijas de Teresa vivían todos en Suiza y ella permanecía en Lima con su esposo, un tal Enrique Buenaventura, que disfrutaba con los breves idilios de su esposa, siempre y cuando estos se limitaran a relaciones solo sexuales con otros tipos, pero nunca al amor sentimental.

Pero el tiempo no pasa en vano y hubo un momento en que Teresa y yo lamentamos la sórdida exigencia de su esposo y decidimos emprender una relación que incluyera también un amor sensual y sentimental, lleno de afecto y ternura. Yo encontré detestable el momento en que vivía y el aire de podredumbre en que tenía y tendría que sumergirme. Pero la sabia naturaleza hizo su parte y tanto lo espiritual como lo sexual se confundieron hasta convertirse en una sola cosa y en una relación que fluctuaba, más bien, entre el amor y el odio, y así cayeron todos los telones menos uno. Y este uno dejaría al desnudo la invasión de lo sórdido y antiestético, incluso.

Y para muestra, un botón, como suele decirse. En el caso de mi ya deteriorada relación con Teresa, un simple e insólito detalle vino en mi ayuda. Teresa estaba echada en su cama y yo estaba a su lado. Nos reíamos de una tontería tras otra, como quien juega al borde de un abismo. Extendí mi brazo para acariciarle la cabeza y la mano voló sobre una calvicie que ella ocultaba muy bien con una cabellera postiza que, francamente, despertó en mí una mezcla de estupor y rechazo.

CLAIRE DE NEYRENEUF

Era rubia, muy rubia, alta y trotaba por la vida. Fue la primera de todas las amigas que tuve en la Universidad de Nanterre. Solíamos pasear juntos muy a menudo por el campus y bañarnos en la piscina todas las tardes antes de regresar a París. Tenía un tafanario de campeonato y no cesaba de aspirar y exhalar suavemente como si algo la inquietara. Era realmente deliciosa cuando caminaba al lado de la piscina, con un bikini blanco y muy atrevido.

Un día me contó que se iba a casar con un chileno y que se iba a vivir en Dijon, lo cual me apenó bastante, la verdad, porque ya me había acostumbrado a esta mujer tan poderosa y sensible al mismo tiempo. En fin, tenía que resignarme. Claire me llamó un día desde Dijon y me contó que se separaba y que deseaba verme de todas todas. Yo le dije que encantado la recibiría. Me contó que su vida en Dijon había sido y era un infierno desde el primer momento, y que solo había soportado todo ese tiempo pensando en mí cada vez que su esposo la tocaba. Aceptaba que había sido torpe, muy torpe, al casarse, y que no tardaba en divorciarse y en regresar a París, y que si yo lo deseaba volveríamos a vernos. Le dije que sí a todo y que me encantaría verla. La siguiente vez que me llamó por teléfono ya estaba en París y ya se estaba divorciando. Le dije que se viniera a mi departamento cuando quisiera y, exagerando un poco, la verdad, le dije también que desde que me llamó la primera vez me había alegrado enormemente y que la esperaba con los brazos abiertos. Al día siguiente Claire se apareció por mi casa a las ocho de la noche, y la verdad es que no había pasado un día por ella, conservaba aquel tafanario enloquecedor, rítmico y trotante y hasta hoy no sabría decir cuál de los dos se echó encima del otro primero, pero lo que sí sé muy bien es que Claire lucía tan fresca como al borde de la piscina de la universidad con su bikini blanco. Casi le pregunto si lo había conservado, porque la piscina de la universidad seguía en su sitio, como siempre, con apenas cuatro o cinco bañistas más, y con su inmenso ventanal a través del cual se dominaba el campus, donde se repartían los edificios de las distintas facultades.

Pero lo cierto es que terminamos tomando una copa en la Place de la Contrescarpe, donde un *clochard* se nos acercó y le dijo a Claire que la amaba profundamente y que por favor le diera un franco. Le dije al *clochard* que la señorita recién había llegado a París y que ni siquiera lo recordaba.

–Perdone, señor, perdone, señora, es que yo estoy en un estado de ebriedad muy avanzado –respondió el extraño.

Nos deshicimos de aquel *clochard* con un franco, llamamos al mozo para que nos trajera la cuenta y de ahí bajamos la rue Lacépède para comer algo en el restaurante El Inca, que quedaba en la esquina de esa calle con la rue de Navarre. De ahí volvimos a la rue Descartes para tomar copas en el Rancho Guaraní y escuchar la música paraguaya

193

que entonaban don Cristóbal y su esposa, que de paraguaya no tenía nada pero que tocaba el arpa como ninguna. Si
teníamos suerte pasaría a cantar y tocar su guitarra Ata-
hualpa Yupanqui, con una voz indígena y unas letras des-
garradoras, y un guitarrear ancho y ajeno.

—Mi querida Claire, se diría que yo te he sacado de un
Dijon muy provinciano para meterte en un ambiente incaico y parisino a la vez, como Dios manda.

A la una de la mañana regresamos a mi departamento
a recuperar el tiempo perdido, según me dijo Claire, que
empezó a desnudarse. Conservaba la enorme belleza de su
cuerpo, y algo tenía aún de estudiante desorientada. No sé
qué diablos me dio entonces, pero lo cierto es que empecé
a pensar en Casanova. Para mí Casanova es un personaje
de los que marcan toda una época. Nada tenía que ver con
Don Juan, un hombre chato que amontonaba y contabili-
zaba sus conquistas. Qué gran diferencia, Dios mío, con el
genial Casanova, hombre fino y culto, muy culto, que se
involucraba en la vida y milagros de sus amantes, a las que
protegía como si fueran sus propias hijas.

—Espero que no hayas recordado a tu marido querida
Claire —le dije al cabo de un buen rato, en el que andábamos revolcándonos y amándonos.

—No, por Dios. Gracias a ti estoy feliz y me reafirmo
en todo lo que he dicho y hecho desde que te llamé por
teléfono desde Dijon. Y ahora en lo único en lo que pienso
es en contratar un buen abogado para divorciarme lo antes
posible.

—Con tal de que no vuelvas a encontrarte con otro chileno como el anterior y, sobre todo, que no se te ocurra
casarte con nadie, empezando por mí. Nosotros somos
fruto de la rebelión de Mayo del 68, y antes que nada ne-
cesitamos libertad para vivir. Un terrenito, una casita y un

194

jardincito, esa es la mejor definición de un cementerio para nosotros.

No pasó ni un mes antes de que Claire se arrojase sobre otro hombre, un francés esta vez. O sea que, desde entonces, adiós a todo lo que fuera América Latina.

CATALINA LA ENORME

Le pregunté un día si podía llevarme a pasear en culo, y me dijo sonriente que bueno, que subiera nomás. Con el tiempo Catalina la Enorme terminó convirtiéndose en una amiga incomparable. Era alta, muy alta y maciza y fuerte. Tenía la piel muy blanca, el pelo largo y ondulado, y una sonrisa sumamente agradable y contagiosa y un par de senos arrebatadores. Entre broma y broma, un día me cogió y me puso en alto, muy alto antes de llevarme al dormitorio de su estupendo departamento y depositarme sobre una cama que era toda una invitación. Solíamos comer en un restaurante italiano que quedaba a unos pocos metros de su departamento, y ella era un buen motivo para cantar y disfrutar de la vida. Había vivido en el Ciudad de México y había trabajado en Petróleos de México durante algunos años, y ahí también había puesto fuera de juego a un buen par de mexicanos que se habían atrevido a meterse con ella.

Apareció una mañana en mi primera clase del día y me sonrió con unos labios deliciosos. Su padre vivía en un suburbio de París, y se había separado de su madre, que tenía un salón de belleza en Niza.

—Con razón andas siempre tan bien ataviada y tan bien peinada.

—Gracias, profesor —me dijo ella, con una sonrisa bonachona que en realidad no perdía nunca.

Un día se me presentó en mi departamento con la frescura cálida que embellecía al máximo su piel pálida. Una sonrisa optimista engalanaba su rostro, cuando me dijo:

—Estas rosas son para ti, las vi en el camino y me dije que estas flores eran para ti.

Cerré la puerta detrás de nosotros, coloqué las rosas en el único florero que tenía, y le ofrecí una copa de vino y unos trozos de queso cantal.

—Nunca te he visto tan bella —le dije—. Tan linda y hechicera como el candor de una rosa, como dice una canción huasteca que debes de haber escuchado allá en México.

—Hoy te ha dado por los piropos —me dijo Catalina.

Y yo me acerqué, me arrodillé delante de ella y le besé las rodillas y las pantorrillas.

—Siéntate sobre mi regazo, querida Kat, y deja que abrace tus fornidos muslos.

Catalina se puso de pie, me cargó como a un niño de pecho y me depositó sobre la cama. Empezó a desabotonarme la camisa, y yo hice lo mismo con su blusa. Increíble fue el momento en que me cogió de las piernas, me puso sobre sus tobillos y me alzó en peso con su sonrisa francota en los labios. Después gritó, gritó muy fuerte, y casi me mata al abrazarme con todas sus fuerzas. No había caso, mi novia se llamaba en realidad Catalina la Enorme. Y nunca fue tan grande y sonriente su visita como esa mañana.

Poco rato después jugueteamos en la ducha de mi baño y volvimos a hacer el amor bajo el agua.

—Venga, mi bebé —me dijo Catalina, mientras me cargaba, cerraba la ducha con un pie y empezaba a secarme el cuerpo y a hacerme unas aparatosas cosquillas.

Catalina había nacido para encandilar a los hombres, y, oh gran suerte la mía, ahora el encandilado era yo.

Y siempre recordaré la mañana aquella en que llegó a mi casa pálida y con las lágrimas en los ojos, y me dijo que venía de enterrar a su padre. La abracé, la besé y le dije que ese domingo tenía que terminar con risa, con mucha risa. Catalina continuaba sollozando entre mis brazos y, en efecto, terminó riéndose y mucho con todas las tonterías que le decía yo al oído y con todas las metidas de mano con que acallé su llanto y le propuse almorzar en Chez Gigi, un restaurante italiano en el que no había nadie, absolutamente nadie, que no fuera homosexual. Nos tocó un mesero que más tenía de felino que de humano, y cuyo cuerpo desnudo y en tecnicolor reposaba muy bien pintado y en tamaño natural, en una pared del restaurante. Gigi, el propietario, mientras tanto, nos trajo una botella de Valpolicella y nos llenó dos copas antes de retirarse sonriente. Bastó que el felino aquel se ondulara todo mientras nos entregaba el menú para que Catalina la Enorme soltara la risa, una risa que fue convirtiéndose casi en carcajada.

—Salud por tu padre —me atreví a decirle, abrazándola fuertemente, aunque toda la risa del mundo era poca para los ojos tristes de esa mujer tan grande, tan bella y tan buena persona.

Las copas de vino se vaciaron y llenaron varias veces hasta que yo alcé la mía mirándola fijamente y le dije:

—Salud también por nosotros, que hemos convertido este día de duelo en un día más de nuestro amor.

De regreso en el departamento, Kat me propuso que fuéramos directo a la cama:

–¿Qué te parece? –me preguntó–. Yo traigo unas copas de vino y nos tumbamos tranquilamente.

–Me parece una idea estupenda –respondí.

–Muchas gracias, querido Alfredo –me dijo ella, y agregó–: Has convertido este día triste en uno muy especial, en una jornada particular.

MARIE-HÉLÈNE

Trabajaba en el Uniclam, una agencia de viajes situada en el Barrio Latino, y su nombre completo era Marie-Hélène Crolot. Lo suyo era vender pasajes y lo mío, vago del diablo, era acercarme a su mesa de trabajo, quitarme la gorra y dejar caer varios animalitos multicolores de cerámica.

–Basta ya –me dijo una tarde Marie-Hélène, secándose las lágrimas y repitiendo–: ¡Basta ya con tus muñequitos!

Hice una venia, gorra en mano, y me seguí de largo hasta la oficina del gran Laló, como le llamaba yo. Pero resultó que mi amigo andaba muy ocupado y respondiendo hasta tres teléfonos a la vez, ayudado por una sola secretaria. Y no me quedó más remedio que ponerme mi gorra en su lugar y emprender el camino hasta llegar a un pequeño café que tenía un par de mesitas de aluminio con sus sillas ídem. Me instalé en una de ellas, a la espera de que el gran Laló saliera. Y así fue, el gran Laló se sentó conmigo unos minutos para tomar una copa de vino. Era indudable que tenía algún problema y que buscaba desahogarse.

–Termina con lo que tienes que hacer, Laló, y después te invito a comer para que te desahogues.

–Pero me voy a demorar todavía un buen rato.

–No te preocupes –le dije–. Yo te espero de todos modos, viejo.

El gran Laló volvió a su oficina. Al cabo de un buen rato la que apareció fue Marie-Hélène y para mi gran sorpresa se sentó a mi lado y me pidió que la perdonara, que había actuado como una niña majadera. Yo me puse de pie, me quité la gorra de nuevo y le hice una gran reverencia.

–¿Y qué te provoca hacer mañana por la noche, Marie-Hélène? Porque hoy he quedado con el gran Laló.

–Me provoca que vayamos a escuchar a Lola Beltrán. A la *belle Lolá.* –Así la llamaba ella.

Y entonces le dije a Marie-Hélène que con toda seguridad pasaría a recogerla al día siguiente, ya con las entradas.

Marie-Hélène se quedó sentada a mi lado diciéndome que ella me acompañaría hasta que saliera el gran Laló. Y ahí nos quedamos como quien mira llover y yo noté que a Marie-Hélène le temblaba muy visiblemente la pierna izquierda. Indudablemente la muchacha estaba nerviosa, muy nerviosa, y fue para mí un alivio ver que se ponía de pie para irse. Me incorporé inmediatamente y le dije que al día siguiente sería la gran noche y que iría a buscarla feliz con mis dos entradas.

Así fue, en efecto, y volví a sentarme frente a la misma mesita del día anterior, donde esperé con una copa de vino a que Marie-Hélène apareciera. Me puse de pie no bien salió y cruzó la calle para esperar juntos un taxi que nos llevara al teatro Olympia, donde iba a tener lugar el concierto. La verdad no exagero si digo que la voz de Lola Beltrán tuvo efectos devastadores en Marie-Hélène, y yo me vi en las nubes cuando temblorosa me tomó de la mano.

–Es maravillosa, Alfredo. Lola es realmente maravillosa.

–Ahora hay que festejarlo –le dije.

—Eso sí que sí —me dijo ella.

—Pues a festejarlo, entonces.

Pensé que unas buenas ostras y una botella de champán era lo menos que se merecía Lola Beltrán, y también lo que nos merecíamos Marie-Hélène y yo. O sea que esperamos el primer taxi que pasara y nos dirigimos a un restaurante situado en la Place de Saint-Michel, donde dimos rápida cuenta de una botella de Veuve Clicquot y de una buena fuente de *fines de claire,* mis ostras preferidas.

—El resto de la noche lo podemos pasar en mi casa, Marie-Hélène.

—A sus órdenes, mi general —me respondió ella.

Y nuevamente en un taxi llegamos a mi departamento de la rue Amyot, en pleno corazón del Barrio Latino. Lo demás es fácil de adivinar. Puse un disco de la *belle Lolá* y llevé a Marie-Hélène al ring de las cuatro perillas. Y no les cuento más porque no quiero que se mueran de envidia mientras ella duerme feliz, según cuenta esta historia.

Fue una suerte despertar antes que Marie-Hélène y ponerme de pie para contemplarla como Dios la trajo al mundo. La verdad, lo primero que se me vino a la cabeza fue la tontería esa de Hemingway de que para ser feliz en París hay que ser muy joven, estar muy enamorado y ser muy pobre. La verdad, la frasecita se las traía, porque para empezar Hemingway era pobre en dólares y yo lo era en moneda nacional del Perú.

Volví a echarme en la cama y esperé a que Marie-Hélène abriera los ojos. ¡Qué linda era, por Dios santo! Me fui a preparar un buen par de jugos de naranja, dos tostadas y dos cafés. Cuando regresé al dormitorio pude ver a Marie-Hélène incorporándose y estirando los brazos para desperezarse. No veré un cuerpo tan bello jamás, pensé, y jamás lo he visto. Desayunamos como dos personas asombradas al verse la una con la otra y pensé en García Lorca componiendo aquello de «Sus muslos se me escapaban como peces sorprendidos...».

Pero el gran sorprendido, aquella mañana, fui yo, al enterarme de que me ofrecían un superpuesto de profesor en la Universidad de Montpellier. El sueldo superaba largamente al que ganaba en París y las horas de clase eran menos pero mucho más exigentes. En realidad, lo que hacía uno era preparar a los alumnos para las exigentes pruebas que determinaban la mayor o menor jerarquía con la que entrarían a los distintos niveles de la enseñanza superior.

Por supuesto todo esto tenía que conversarlo con Marie-Hélène, que tuvo que enfrentarse a una decisión para ella muy difícil. Ya me había dicho con anterioridad que ella con las justas había terminado el colegio. O sea que ahora la cosa se le iba a poner todavía más difícil. Yo mismo la tranquilicé diciéndole que había que ir paso a paso, y que lo primero de todo era que me instalara en Montpellier y que mi amor por ella haría todo lo demás.

—Todo lo demás —repitió ella, abrazándose fuertemente a mí. Y añadió—: Dios nos ayude, querido Alfredo. Te juro que en este instante me iría contigo a cualquier parte y que esperaré a que te instales bien.

—Eso mismo es lo que quiero yo, Marie-Hélène. Tú también tienes que sentirte muy bien en tu pellejo antes de comprar tu primer billete de tren a Montpellier. Además —le dije yo—, con toda la confianza que te tengo no deja de inquietarme la diferencia de edad que hay entre nosotros.

—Lo mismo me sucede a mí, pero al revés —respondió ella.

La estreché fuertemente y le dije que había que brindar por nuestro futuro.

–Querido Alfredo, Lola Beltrán nos mantendrá unidos por siempre.

–Tienes que saber que sí, que la *belle Lolá* nos ayudará siempre.

–Es nuestro amuleto –me dijo ella.

Marie-Hélène Crolot falleció un año después. Veníamos en mi auto de un restaurante situado en el canal de Palavas. Habíamos ido a celebrar la noticia de su embarazo, que, sabría más tarde, era de mellizos. Y por supuesto que habíamos bebido Veuve Clicquot y comido ostras *fines de claire*. Y a mí no me pasó nada, maldita sea.

Esta tragedia me quitó para siempre la ilusión de la paternidad.

RETRATO DE EVAINE

Ya no trabajaba en la rue des Franc Bourgeois, en el colejucho en el que conocí a Florence algún tiempo atrás. Mi buen amigo paraguayo Rubén Bareiro me contactó un día para contarme que lo habían ascendido en su puesto de asistente en la Universidad de Nanterre y que si yo lo deseaba podía fácilmente dejarme su lugar. Acepté de inmediato y fue así como ingresé a la enseñanza universitaria francesa, apenas unos meses después de la rebelión estudiantil de Mayo del 68. La Universidad de Nanterre era un caso raro. Por un lado estudiaban ahí alumnos de baja extracción social, ya que quedaba en un distrito comunista, y por otro lado estudiaban también allí jóvenes provenientes del distrito XVI de París y también del opulento Bois de Boulogne. En una sala de clases se notaba muy claramente la diferencia entre ambos grupos sociales. Unos y otros no se dirigían la palabra y tampoco se sentaban cerca.

A mí me tocó dar clases de Civilización y Literatura Latinoamericanas, como ahí se les llamaba. Un detalle que me hizo mucha gracia fue que los alumnos le entregaban al profesor una ficha con todos sus datos personales, entre los que no faltaban algunos apellidos de la alta aristocracia ni tampoco algún título nobiliario. En la parte superior derecha de estas fichas, los alumnos pegaban sus fotografías. Y ese primer día, al terminar mis clases, regresé a mi departamento del Barrio Latino con un buen cargamento de fichas, en las que no faltaban fotografías de rostros bellísimos, ni los susodichos títulos nobiliarios. En fin, yo parecía haber llegado al Jardín del Edén o algo así.

Un par de semanas después, llegué demasiado temprano a la universidad, y al ingresar a mi salón de clases, prácticamente desierto, vi que había una chica parada al fondo. Era obvio que también esa chica había llegado a clases antes de la hora.

—No ha venido nadie —le pregunté, tontamente.

Y ella me respondió:

—He venido yo.

La chica estaba ubicada en el sector proletario del salón de clases y llevaba puestos unos ceñidos pantalones negros, una blusa también negra y un turbante beige, que hacía resaltar una gran belleza campesina y rusa, por decirlo de alguna manera.

Poco a poco el salón se fue llenando y pude empezar mi clase con una introducción a la literatura latinoamericana de fines del siglo XIX y comienzos del siglo XX. Los alumnos empezaron a tomar nota tontamente y me dio ganas de estrangularlos a todos.

—Yo no he venido aquí para hablarles inútilmente de algunos momentos de una literatura. Yo he venido para hablarles de una naciente narrativa que en décadas recientes se ocupaba más de la geografía que de la literatura y del hombre latinoamericano. Así, existen la novela del río, la novela de la pampa, o la novela del indio, entre otras más...

A las doce en punto terminé con esa clase y me dirigí a la estación del tren que unía Nanterre con París. Y ahí andaba en mi camino cuando un automóvil se detuvo a mi lado. Se trataba nada menos que de la chica del turbante con su aire de campesina rusa, y me dijo:

—Voy a París, profesor. ¿Quiere que lo lleve? Yo vivo en el Barrio Latino. Suba —me dijo, y abrió la puerta de su auto.

Me presenté diciéndole mi nombre completo y ella me correspondió y me dijo que se llamaba Evaine Le Calvé. La belleza de aquella chica tuvo el más raro efecto en mi persona. Quería arrancarle el turbante para verle completa la cara, la cabellera y el color de sus ojos. Pero habría que esperar a que llegáramos al Barrio Latino y que se presentara la ocasión. Evaine manejaba con soltura y sonreía cada vez que se dirigía a mí. Mientras, yo seguía atentamente cada grácil movimiento de sus brazos al manejar. Su automóvil era un Lada de fabricación rusa y casi diría que hacía juego con su turbante. Le expliqué por qué calle del Barrio Latino vivía yo y ella me dijo:

—Tremenda coincidencia, profesor.

—Tu profesor se llama Alfredo —le dije.

Ella me respondió:

—Además creo que somos vecinos o casi, porque usted me ha dicho que vive cerca de la Place du Panthéon y yo vivo al lado, en la rue des Fossés Saint-Jacques.

—No me hables de usted, por favor, Evaine. —Y añadí—: ¿Quiéres que almorcemos juntos?

—Ya lo creo —me dijo ella.

—Pues permíteme que te lleve a La Colombe. Yo voy muchas veces ahí, y me gusta tanto el restaurante como la comida.

—Encantada de llevarte en mi auto, Alfredo —me dijo Evaine—. Pero antes quiero que me aceptes tomar un buen vodka en mi departamento.

Subí con ella hasta el quinto piso del edificio en que vivía y abrió la puerta de entrada y me dijo:

—Pasa, querido amigo, y deja que me quite este turbante y me peine un poco.

—Bueno —le dije yo—, mientras tanto me ocupo de preparar los vodkas, bien revueltos pero no agitados, como dice James Bond.

—Lo tienes todo en el refrigerador, amigo. O sea que procede nomás.

Y allí andaba yo con los vodkas cuando Evaine apareció sin turbante y de lo más sonriente. Me quedé sin palabras al verla tan bella, tan increíblemente bella, y recordé que según su ficha de alumna tenía solamente dieciocho años. Su pelo corto y rubio, casi castaño, me hizo recordar que en mi adolescencia peruana estuvo muy de moda entre las chicas llevar el pelo muy corto, al estilo llamado *Italian boy*. Evaine Le Calvé lo llevaba muy muy corto y todo en función de un brevísimo cerquillo que hacía resaltar su belleza, su enorme belleza.

Ya en el restaurante me enteré de su amor por Rusia y por todo lo que viniera de ese país. Y era muy curiosa, en efecto, esa devoción por todo lo ruso, por sus costumbres, su historia y sus gentes.

—¿Has estado en Rusia? —le pregunté.

—Tres veces —me dijo ella—, y me apena mucho comprobar en cada viaje lo enferma que está.

Del restaurante volvimos al departamento de Evaine, bebimos dos o tres vodkas más y yo no dejé de mirarla y observarla constantemente.

Qué suerte, me dije yo. Un peruano cuarentón y que no dejaba de mirarle los ojos sin dar jamás con su color, porque los ojos de Evaine como que cambiaban de color constantemente. Su piel blanca, muy blanca, era como la coronación de un porte rural y florido.

—¿O sea que Rusia está muy enferma? —le dije, tomándola de los brazos, levantándola y avanzando en dirección a su dormitorio.

Me desvestí y me tumbé en la cama mientras ella se desvestía lentamente delante de su espejo. Llevaba unos calzones de seda bastante transparentes y que resaltaban la belleza de un culo inmisericorde y campeón. Y así andábamos hablando de todo y de nada, mirándonos constantemente y besuqueándonos siempre más. Volvimos a sentir hambre hacia la medianoche y Evaine me anunció que iba a preparar unos deliciosos blinis con huevos fritos, acompañado todo por una botella de excelente vino tinto.

Antes de acostarnos, Evaine me dijo que en unas horas me llevaría al campo, a casa de su madre. Fuimos en su Lada y aterrizamos delante de la puerta de un gran jardín, al fondo del cual se encontraba una buena casa blanca con tejas muy rojas. Una bella casa, sin duda, llena de enredaderas, en la que una mujer nos abrió la puerta y me dijo:

—Ha llegado usted en un buen momento, Monsieur Bryce, tengo que llevar todos estos sacos de abono a la mansión del señor conde y usted me puede ayudar en la tarea, y también mi hija.

Nos reventamos, pensé yo. Pero no quedaba más remedio que cargar esos mil sacos. «Manos a la obra», dije, mientras levantaba el primero de un buen centenar de bolsas de abono que debíamos apilar al otro lado de un pequeño puente que separaba la casa de los padres de Evaine del castillo del conde. Al cabo de un momento apareció el conde mismo para agradecernos por la labor. Y la verdad es que me llamó mucho la atención la obsecuencia con la cual la madre de Evaine se dirigía al conde, mientras yo pensaba que tanta Revolución Francesa no había impedido esa servidumbre humana. En fin, la faena de los sacos de abono duró un buen par de horas y la madre de Evaine fue a avisarle a su conde de mierda que habíamos terminado con la faena. Mientras tanto, Evaine y yo regresamos a la casa de su madre, nos lavamos las manos y los brazos y decidimos dar un paseo por la preciosa campiña que rodeaba la casa. Había un río y un par de puentes y así, de golpe y porrazo, Evaine me pidió por favor que yo nunca debía pensar que la diferencia de edades nos separaba.

—Yo te amo, Alfredo, y nada me haría más feliz que visitar Rusia contigo.

La verdad, Evaine me conmovió con el prospecto de nuestro viaje a Rusia y con eso de acortar nuestra diferencia de edades. En silencio caminamos hasta llegar a uno de los pequeños puentes de piedra que separaban la casa de Evaine de los territorios del conde ese de mierda. Aunque la verdad es que mucho más me irritaba la servidumbre humana que separaba al conde y a la madre de Evaine. Y ahí, en pleno puente, abracé fuertemente a Evaine, la volví a abrazar más fuerte aún y le dije:

—Me encantaría que me juraras, si eso fuera posible, que te importa poco la diferencia de edades que hay entre nosotros.

Y ahí nos quedamos abrazados con fuerza, con mucha fuerza, hablándonos casi al oído.

—Avancemos un poco más, mi amor —me dijo Evaine, tomándome de la mano para terminar de cruzar el puente, y caminar por la ribera, donde nos detuvimos varias veces para renovar nuestro idilio.

—¿Me acompañarías a Rusia? —me preguntó Evaine.

—Niña —le dije yo—, no solo te acompañaría a Rusia... Mucho más, te acompañaría al fin del mundo y sus alrededores.

Entonces Evaine y yo nos abrazamos fuertemente, emprendimos el camino de regreso a casa de su madre, y ahí fue cuando ella me contó que su padre era propietario de una importante cadena de pescaderías que les permitían vivir con holgura.

—¿Y él también le carga los sacos de abono al conde? —pregunté yo.

—No seas malo, Alfredo —me dijo Evaine—. Mi padre juega póquer y billar con el conde. Se conocen desde chicos y son buenos amigos. Aunque bueno, para serte sincera, aparte de los sacos de abono, mi padre le cargaría de todo al señor conde. Para qué negarlo.

De regreso en París, al día siguiente, fuimos de frente al departamento de Evaine, que encendió la chimenea, sirvió los vodkas de ley y preparó sus excelentes blinis con huevo frito. Y luego, tumbados ante la chimenea, hicimos el amor como dos adolescentes, y volví a tener a Evaine acurrucada entre mis brazos y mi pecho, y pude comprobar una vez más la belleza inaudita de ella, el calor de sus caricias, su amor incomparable por Rusia.

Cuatro meses más tarde todo lo que aquí les cuento no era más que un recuerdo. Al principio Evaine empezó a faltar a clases, a darme todo tipo de explicaciones incoherentes, y así hasta que un día desapareció por completo. En fin, todo se sabe en esta vida y por otra alumna me enteré, poco después, de que Evaine había partido a Rusia con su novio.

FLORENCE

1

Fue en 1967 cuando empecé a trabajar en París. Se me había ya terminado la beca con la que llegué a Francia y tuve la gran suerte de conocer a un español llamado Daniel de la Iglesia, que regresaba a su país y buscaba a quién dejarle las horas que dictaba como profesor en una *boîte à bac,* como se les llamaba a unos colegios cuyo alumnado mixto tenía entre catorce y diecisiete años y quienes generalmente tenían notas bastante mediocres cuando no francamente malas. La propietaria del colegio era avara y no permitía que los alumnos encendieran la calefacción en invierno. Y vaya que hacía frío en unos salones de clase oscuros y zarrapastrosos. La verdad es que había de todo en el colegio de la tal Madame Cathelin, y hasta hoy recuerdo con gracia a un alumno matonesco que un día me contó que él era muy bruto, y que su padre se lo repetía incansablemente.

–Pues tu padre se equivoca –le dije yo–. Tus notas no solo han mejorado mucho en las últimas semanas, sino que además has dejado por la pata de los caballos las notas de algunos de tus condiscípulos.

Albert me agradeció mis comentarios y me dijo que él tenía buen *punch* y que me ofrecía su protección y su amistad. Pues dicho y hecho, el gran Albert se me aparecía constantemente para ofrecerme sus servicios y su protección. Pero por encima de todo y de todos destacaba una chiquilla llamada Florence Wilhelm, que era divertida, muy bonita y entrañable. Al lado de ella se sentaba siempre un muchacho llamado Michel del Motte, que no cesaba de darle palmadas en la espalda. Definitivamente, Florence era la reina del colegio y también la estudiante más aventajada entre todos los alumnos. Vivía en un palacio que guardaba muebles y demás objetos de gran belleza y valor, que se llamaba el Museo Carnavalet, y que había sido también la mansión en que vivió Madame de Sévigné, y un día que me acerqué para caminar con ella me invitó a pasar al llegar al inmenso caserón. Y estábamos subiendo por unas grandes escaleras de mármol cuando apareció su madre y me saludó con gran cortesía. Florence le dijo que me había invitado un momento al palacio, a lo cual su madre accedió gustosamente y siguió su camino. Le pregunté a Florence por qué vivían en aquel famoso palacio y me respondió que su padre era el encargado de ese gran museo. Al salir, se me ocurrió la peregrina idea de invitar a Florence a almorzar. Y ella asintió con la más grande naturalidad, en fin, como si almorzáramos juntos todos los días. De más está decir que ese día Florence y yo regresamos al colegio con bastante atraso y que cada uno entró por su lado para evitar suspicacias.

Tiempo después mi madre regresó a París y le dije que iba a enseñarle un lindo edificio, un palacio, en realidad, que se llamaba Carnavalet, y que funcionaba como museo de la ciudad de París. Subimos por la gran escalera de mármol y yo le pregunté a uno de los guardianes si la señorita Florence se encontraba ahí. Tuve suerte porque no solo ella estaba presente sino que además nos invitó a tomar el té en un bistró del barrio. Los días que estuvo mi madre ahí se me hicieron cortos, muy cortos, porque además estaba en período escolar y no podía darme el lujo de faltar a mi trabajo. Las tardes, eso sí, se las dedicaba y generalmente íbamos al teatro. A veces Florence nos acompañaba y nos íbamos a un pequeño restaurante cuya especialidad era la sopa de cebollas. Y en otra oportunidad los padres de Florence nos invitaron a comer a un antiguo y muy clásico restaurante.

La muerte de un tío argentino muy querido obligó a mi madre a viajar a Buenos Aires antes de lo previsto. Florence nos acompañó el último día hasta el aeropuerto y de regreso me contó algo que me partió el alma. Su padre la había matriculado en una universidad suiza y yo me quedé frío con la noticia. Pero por otro lado era lógico que a Florence la enviaran a algún buen centro de estudios. Quedamos en vernos al día siguiente para despedirnos, pero la verdad es que yo no atinaba a saber qué demonios podría decirle esa noche. Tuve mucha suerte de que fuera Florence la que habló y me propuso que intercambiáramos direcciones para saber siempre uno del otro.

Pasaron años antes de que volviera a ver a Florence. Pasaron años y mil cosas antes incluso de volver a soñar con ella, y pasaron penas y tristezas antes de que tuviera noticias de ella.

2

Pasó el tiempo y Florence y yo nos escribimos muchísimas cartas antes de que volviéramos a encontrarnos en París. Yo había escrito un cuento con su nombre y apellido y se los hice llegar antes de volverla a ver. Es cierto, eso sí, que a vuelta de correo recibí varias breves cartas de ella lle-

214

nas de gratitud y de encanto. Después, sin embargo, la correspondencia entre ella y yo dejó de ser tan frecuente y así hasta que pasó un buen tiempo sin noticias de ella. Felizmente, sí me llegó una última carta que me escribió dándome su nueva dirección en París, donde residiría tras haber obtenido un importante diploma en Historia del Arte. Florence realmente había sabido aprovechar el tiempo que pasó en Suiza.

No bien llegué a París después del verano, la llamé por teléfono y me encantó oír su voz. Quedamos en almorzar al día siguiente y ella me llevó a un restaurante situado en la Place des Vosges. Grande fue mi impresión cuando nos abrazamos fuertemente y noté que ella temblaba mucho. También noté que temblaba al utilizar los cubiertos, y la verdad también yo temblaba como loco con mis cubiertos. Por fin Florence me contó con lágrimas en los ojos que se iba a casar muy pronto y, la verdad, fue inmensa la pena que yo sentí.

—Estoy comprometida —me dijo, y agregó—: estoy comprometida y mi novio es médico. Es médico y no quiere ni oír hablar de ti. Créeme, Alfredo, me dijo, créeme que hubo un momento en que yo soñé que me casaba contigo.

Alcé mi copa de vino y brindé por aquella tan dolorosa boda.

—Mira, Alfredo —me dijo Florence—, yo no brindo por mi propia boda y sin embargo amo mucho a la persona con la que me voy a casar.

—Pues yo sí brindo por tu boda, Florence, y te deseo lo mejor.

—Voy a hacer lo posible por presentártelo —me dijo Florence.

—Nones —le dije yo—. No quiero conocerlo ni quiero asistir a la boda ni a nada que se le parezca.

Nos pusimos de pie Florence y yo, y a punto estuvimos de darnos un beso, pero me imagino que ella al igual que yo no se atrevió a dar ese paso.

Mas la realidad suele tener el tamaño que desea, y por esa época yo había caído nuevamente en una depresión profunda que me obligaba a tomar el mismo maldito Anafranil, cuyos efectos secundarios solían ser casi letales, por decirlo de alguna manera. Así y todo no le escribí nunca al doctor Ramón Vidal Teixidor y hasta me inventé un efecto nuevo y también letal del Anafranil. Y este efecto letal era nada menos que el matrimonio de Florence. Y maldita sea, también, no sé cómo ni por qué diablos a Florence se le ocurrió invitarme a comer una noche con su flamante esposo, cuyo apellido era nada menos que Bougon, que en francés quiere decir «colérico» o «malhumorado». El vodka que bebí esa noche se me trepó hasta las nubes, el lío que se armó fue tan grande que al día siguiente Florence me llamó llorando y diciéndome que ahora sí ya no podíamos vernos más.

—No te preocupes, querida Florence, que esta vez me toca colgar el teléfono a mí.

No he vuelto a saber de Florence, y mejor así. Ya hace muchos años que me di cuenta de que Florence es la persona que más he amado en toda mi vida.

TERE LLENZA

Sin duda esta belleza puertorriqueña tuvo en mi vida
una gran importancia. Yo era profesor visitante en la Universidad de Puerto Rico, en el campus de Río Piedras,
cuando me crucé con ella por primera vez. En 1986 la universidad me había invitado por un semestre para dictar un
curso de Literatura Latinoamericana y, de entrada, había
trabado amistad con el escritor Luis Rafael Sánchez, autor
de una entretenidísima novela titulada *La importancia de
llamarse Daniel Santos,* que recrea la vida de ese rey del
son. Me acompañaba en esos días Pilar de Vega, mi segunda esposa, que había congeniado de inmediato con Luis
Rafael. Nos divertíamos prácticamente todas las tardes y
Luis Rafael terminó por ser el anfitrión ideal. Día tras día
nos visitaba y nos llevaba al viejo San Juan, donde entre
copas y más copas brindábamos por todo lo divino y lo
humano, saboreábamos los deliciosos mojitos que servían
en La Violeta, mientras en el piano escuchábamos grandes
boleros y, al caer la noche, nos trasladábamos a otro bar
llamado Aquí Se Puede.
Una noche Pilar me dijo que ella encontraba horrible
la casa que la universidad me había dado para alojarme,

según mi contrato. Yo le respondí que entre otros invitados allí había vivido nada menos que Juan Ramón Jiménez. Fue entonces cuando Luis Rafael nos dijo que él era muy amigo de Lupe Elizondo, directora del teatro universitario, y que encantada nos prestaría cuadros para adornar siquiera las paredes de la inmensa casa en que me iba a quedar yo con o sin cuadros. Antes de regresar a Madrid, la semana siguiente, para reincorporarse a su trabajo en la Academia de Historia, Pilar cumplió con su deseo de decorar el desangelado caserón ese. Más tarde ese mismo día Luis Rafael nos contó que a menudo Juan Ramón Jiménez era invitado por las más importantes universidades norteamericanas, y que antes de partir a cada uno de esos viajes le escribía a su esposa las cartas que le iba a ir enviando desde los Estados Unidos.

Y así hasta que llegó el momento del regreso de Pilar a España. Luis Rafael nos acompañó al aeropuerto y al despedirse de Pilar le entregó un frasco de un delicioso perfume. Las noches con Luis Rafael continuaron y también mis clases y mis paseos por el campus de Río Piedras. Mi relación con los alumnos era estupenda y a menudo se me acercaban para conversar, tomar un café y fumarnos un cigarrillo.

Todo muy rutinario hasta que llegó el día en que irrumpió una hermosa muchacha en el salón en que yo dictaba una conferencia y me dejó turulato con su belleza. No pasaron ni tres días cuando ella reapareció una mañana a la salida de una de mis clases, esperándome según me dijo. Y ya esa misma noche nos despedimos con un gran beso en la puerta de mi casa, y quedamos en volver a vernos. Yo había ido a almorzar con Luis Rafael a quien le conté de inmediato que había conocido a Tere Llenza, una muchacha preciosa que no solo me había sonreído ya varias veces en el campus sino que me había traído también hasta la casa en un elegante Buick blanco del año.

—Pues yo te digo, querido Alfredo, que esa es una relación doblemente arriesgada. Por un lado, Tere tiene solo dieciocho años y tu cincuenta, y además estás casado con una mujer inolvidable y que, a gritos, se ve que te ama mucho.

—Pero si yo no le he suprimido nada a mi vida pasada. En cambio, le he añadido algo a mi vida presente y futura.

La relación con Tere ya había alzado vuelo, a pesar de la diferencia de edades. Diariamente, al caer la tarde y terminadas ya todas mis obligaciones como profesor, corríamos hacia la playa y hacia un hotelito al borde del mar, donde nos cambiábamos antes de lanzarnos al agua. Y ahí nos quedábamos hasta bien entrada la noche, fuertemente abrazados y besándonos sin decir palabra. Y así continuaron los días aquellos hasta llegar al campus universitario de Cayey, donde pude presentarle a Tere a mi gran amigo Juanchín Tena y juntos tomamos cava hasta caernos. Otro sitio donde recalábamos Tere y yo era en La Mallorquina, restaurante típico donde nos amábamos con pasión. Íbamos también al Dorset Primavera, hotel situado en la localidad de Rincón, donde solíamos quedarnos en una suite con piscina y todo. También caíamos en la casa de la escritora Mayra Montero y Jorge Merino, su esposo. Llegábamos a las horas más impropias a bañarnos en su piscina, y todavía la seguíamos en el Hotel Colón, al sur de la isla, en la ciudad de Ponce.

Tampoco olvido nunca el restaurante de mi amigo el chef Ferrer, que una noche lo abrió solo para nosotros, nos sentó en su mejor mesa y nos atendió de maravilla. Y, por último, El Hipopótamo, donde se reunían «intelectuales» por largas horas y sin reposo, y donde en silencio nos amábamos.

La casa de Tere quedaba a tiro de piedra del mar, y ahí nos quedábamos hasta caer la noche, para luego ducharnos y tomar un aperitivo antes de comer. Y así, poco a poco me fui dando cuenta de que Tere se duchaba a cada rato. Pasaron las semanas y sus duchazos se volvieron cada vez más frecuentes, pero recuerdo bien que entonces no me molestaban en absoluto. Yo la esperaba tomándome una copa o leyendo un rato, y así seguimos hasta la noche feliz en que decidimos que queríamos casarnos y después regresar a vivir juntos en el Perú. Tere misma me dijo que sus padres correrían con todos los gastos de la celebración de la boda y que esta muy bien podría ser en la linda casa de nuestros amigos José Carvajal y su esposa Dacia Neves. Nuestro viaje de bodas sería en el Perú, con visita a Cusco y Machu Picchu y a las playas del norte del país.

Fueron estos días muy duros para Tere, porque se sintió en la obligación de explicarme que su infancia había sido un horror durante el cual la canalla de su madre se había hecho de la vista gorda mientras ella era violada sistemáticamente por un cura, y que en su casa se referían a ese monstruo como el santo varón.

—Tú no sabes el trabajo que me cuesta estar limpia cada día. Pienso en el santo varón y necesito ducharme una y otra vez.

En ese momento sentí una mezcla de piedad y de cariño por Tere, y empezamos a planificar nuestra boda con invitados y todo. Pero el tiempo y la distancia hicieron su trabajo. Yo regresé a Madrid y mi relación con Tere empezó a languidecer.

Veinticinco años más tarde, ya me había divorciado de Pilar y me había vuelto a casar, esta vez con una limeña flacuchenta llamada Anita. Mi tercer matrimonio iba viento en popa cuando recibí una invitación a un congreso de escritores en San Juan de Puerto Rico. Ahí tendría una conversación sobre el humor con mi querido Luis Rafael Sánchez. Yo había querido que Anita me acompañara, puesto que ella también estaba invitada, pero ella prefirió un viaje a los Estados Unidos para visitar a su hija mayor que cursaba estudios universitarios allí. Y, como no podía suceder de otra forma, no bien llegué a San Juan, apareció Tere Llenza justo en el momento en que yo me registraba en el hotel. Ya reunidos, no dudé en subir a mi habitación con ella, sacar de mi maleta lo indispensable y partir rumbo a la casa de Tere, donde quedé instalado.

Los días de mi retorno a San Juan resultaron estupendos. Fueron revivir un antiguo romance y reencontrar a viejos amigos puertorriqueños.

Mi regreso a Lima precipitó el inicio del final de mi tercer matrimonio. En fin, un divorcio más y ya estaba listo para un nuevo matrimonio, es la idea que empezó a rondarme por la cabeza. No pasaría mucho tiempo antes de que Tere llegara a instalarse en mi nuevo departamento en San Isidro, donde yo había empezado una nueva etapa de mi vida, en la que solo ella me hacía falta. Nuestro sueño de veinticinco años antes parecía a punto de cumplirse: habría boda y viviríamos juntos y felices. Pero empezaban a molestarme cada día más los duchazos de Tere, y, para mi espanto, un día en que me crucé con ella caminando hacia la ducha prácticamente no me vio, me pegó un empellón y siguió con su carrera rumbo al baño. Reflexioné un momento y de puro cariño por Tere me dije: *Remedio: la geografía,* que era el título de uno de los maravillosos ensayos de Luigi Pirandello. Pues sí, me dije, nos casamos, nos iremos a vivir a Puerto Rico y adiós a los duchazos y demás chifladuras de Tere.

Pero, horror, las cosas no mejoraron en absoluto. Todo lo contrario, cada día Tere batía un récord más de duchazos. Duchándose estuvimos en Tarma, estuvimos en Jauja, estuvimos en Huaychulo y duchándose más todavía estuvimos en el Cusco y en el valle del Urubamba y en Machu Picchu. Yo ya estaba al borde de la locura. De la mañana a la noche Tere batía sus propios récords de permanencia en la ducha y cada día se estaba duchando puntualmente a la hora en que teníamos una cita en un restaurante. De regreso a Lima, yo estaba ya harto, absolutamente harto de ese ir y venir de ducha en ducha. Me tenía con los nervios de punta. Una mañana, simple y llanamente, perdí toda esperanza y tras un breve diálogo al pie de la ducha dimos por terminado nuestro proyecto matrimonial. Hicimos los arreglos para su retorno a Puerto Rico y, el día señalado para su retorno, encargué a Elena, mi empleada, que la acompañara al aeropuerto, con lo que creí que habíamos puesto punto final a todo este dramón. Sin embargo, no bien mi empleada la dejó, Tere abandonó el aeropuerto y se vino a San Isidro, hasta la casa de un primo mío, para decirle que me amaba mucho y de paso aprovechó para pegarse un par de duchazos más antes de partir definitivamente.

Tiempo después le conté casualmente a un amigo psiquiatra lo ocurrido con Tere y sus duchazos.

–Pues esa es una enfermedad que se llama TOC –me explicó.

–¿Cómo?

–TOC: trastorno obsesivo compulsivo.

Me despedí de aquel psiquiatra y ahora cada vez que me pego un duchazo pienso en Tere con un alivio muy grande, y me repito: «TOC, TOC, TOC.»

EL FINAL DE LA HISTORIA

Mi amistad con Julio Ramón Ribeyro se mantuvo intacta aun cuando dejé París en 1980 para continuar con mi periplo europeo y establecerme, sucesivamente, en Montpellier, Madrid y Barcelona. Cada que pude viajé a París, donde continué viéndolo hasta que, en los primeros años de la década del noventa, Julio emprendió largos y frecuentes viajes al Perú, donde viviría sus últimos años.

Al morir Julio Ramón, en 1994, Alida, su esposa, que había permanecido en París, me ofreció prestarme el departamento que Julio Ramón había comprado en Barranco, el cual ocupé en mi siguiente viaje a Lima. Eso sí, Alida me impuso como condición que no invitara nunca a una tal Anita Chávez. Como ni me iba ni me venía, porque a Anita no la conocía ni en pelea de perros, acepté dicha condición sin reparo alguno.

Unos meses antes del que sería, a la postre, el último viaje de Julio Ramón al Perú, gracias a la generosidad de José Luis Dicenta, en aquel entonces secretario de Estado para Asuntos Exteriores de España y magnífico amigo, pude organizar, en la Casa de América de Madrid, un homenaje a Julio Ramón en el que todo salió a pedir de boca.

Sin embargo, dos cosas me inquietaron: ver el rostro de color ceniciento que lucía Julio Ramón, recién llegado de Lima, y su gran desinterés por el evento que se hacía en su honor, y que era nada menos que la «Semana de autor». Yo incluso le propuse dar una conferencia en Galicia para que visitara el lugar de origen de su familia y se ganara unos reales antes de volver al Perú. Pero Julio Ramón, que había aceptado esa conferencia y el viaje, simplemente no apareció. Corrió la voz de que había partido a París, pero no a visitar a su esposa y a su hijo, sino para reunirse con la tal Anita Chávez, por la cual andaba chiflado. Otra versión indicaba que, simplemente, había vuelto a Lima antes de lo previsto. En fin, poco importa.

Las noticias que llegaban de Lima contaban de un Julio Ramón dichoso, entregado a la *dolce vita* y rodeado principalmente de amigos escritores. Incluso en algún evento cultural organizado en su honor en la Municipalidad de Miraflores fue tal el fervor del público que no faltó quien dijera que Julio Ramón había estado a punto de lanzar su candidatura a la presidencia de la República desde un balcón del palacio municipal. Lo cierto es que andaba encantado por la tal Anita y que incluso cuando Alida visitó el Perú, estando ya Julio Ramón más muerto que vivo, las amigas y amigos comunes invitaban constantemente a almorzar a Alida para que Anita pudiera visitar a Julio en el hospital. También en julio de ese año de 1994 se anunció que Julio Ramón había ganado, en el estado mexicano de Jalisco, el Premio Juan Rulfo, que otorgaba la Feria Internacional del Libro de Guadalajara. Yo estuve con Alida y con su hijo Julito en aquel evento apoteósico. El que ya no llegó fue Julio Ramón, con lo cual Alida recogió el cheque del premio y salió disparada de regreso a París con su hijo.

Unos meses después, aterricé en Lima con la intención de instalarme y hasta de construirme una casa en Monterrico, donde un buen amigo me había regalado un terreno en la urbanización Las Casuarinas. Durante mi permanencia en Lima me fui encontrando uno tras otro con los amigos escritores. A muchos de ellos ya los conocía de mis viajes a Estados Unidos o porque me habían visitado en París. Y así, poco después, Fernando Ampuero me invitó a una comida en su casa. Alguien que ahora no recuerdo quién fue me pasó un sobre lleno de fotografías que yo empecé a mirar con curiosidad, y fue entonces que oí decir a alguien que estaba detrás de mí: «Hola, Anita.» Casi me meto en el sobre de las fotografías en mi afán de no ver ni ser visto por la tal Anita. Ella llevaba una minifalda que le permitía lucir sus hermosas piernas y yo continuaba literalmente metido en el sobre. Y así hasta que se me acercó y me sacó a bailar. Le dije que no bailaba y casi me meto en el sobre una vez más, pero la minifalda me empujó a sus brazos y ahora era yo quien la invitaba a bailar. Al final de aquella noche, ella me propuso dejarme en el departamento maldito y me tuve que entregar, como dice una copla flamenca. Y me entregué, una, dos y tres veces. Cada vez que nos reuníamos Anita, que manejaba un viejo Volvo, llevaba de regreso a sus casas a varios amigos más pero siempre me dejaba a mí para el final, hasta que un día se bajó del auto conmigo, atravesó la pista del malecón de Barranco y yo me aterré ante la posibilidad de que se arrojara al vacío. Llevaba un impermeable beige y yo la cogí del cinturón. Fue el portero el que instantes después nos abrió la puerta de calle del edificio y estoy seguro de que fue ese tipo el que le contó a la viuda de Julio Ramón que yo llevaba cada noche a una señora al edificio. Como quiera que sea, lo cierto es que Anita y yo terminamos siendo una pareja muy envidiada.

Un buen tiempo después regresé a Barcelona y compré un estupendo departamento en el cual, craso error, vivió un hermano de Anita llamado Juan Livio, a quien se lo presté mientras yo me encontraba en el extranjero. Al volver a Barcelona, cinco meses después, encontré el departamento hecho una mugre. Los muebles estaban inmundos. Tuve que pintarlo todo de nuevo y tapizar esos muebles. Además, el tipejo aquel me engañó porque no fue a vivir ahí solo con su esposa, como me había dicho, sino que metió al departamento a sus dos hijas y sabe Dios a quién más. La primera vez que Anita me fue a visitar me dijo que le había dado una gran vergüenza todo lo hecho por su hermano. Y si no me equivoco no quiso volver a ver al tal Juan Livio.

El lado agradable de aquellos años fue la cantidad de visitas que me hizo Anita y los paseos largos que realizamos por muchos países y ciudades, entre los cuales recuerdo el largo viaje a Italia en el que visitamos a mi gran amiga Sylvie de Lafaye de Micheaux, en Milán, y donde después alquilamos un automóvil en el cual fuimos a Perugia, donde yo había vivido y escrito mis primeros cuentos, y donde había estudiado italiano en una universidad que funcionaba en el hermoso Palazzo Galenga. Finalmente recorrimos Sicilia. Anduvimos por cada ciudad y por cada pueblo y regresamos a Barcelona encantados de la vida. Mi departamento por fin estaba limpio y listo para ser habitado y además tuve la suerte de encontrar a Josie, la asistenta filipina que había tenido en mi primera vida barcelonesa, y que mantenía el departamento hecho un anís. A Josie la había conocido de casualidad mientras hacíamos la cola para poner al día nuestros papeles ante la policía, en nuestra condición de inmigrantes.

Ahora recuerdo que por aquellos meses la Universidad de Montpellier me invitó como profesor visitante por un semestre. Por supuesto que invité a Anita, pero ella, que había vuelto a Lima, no pudo aceptar. Y yo feliz, porque de Caracas me había contactado mi gran amiga Jenny Woodman a quien invité a Montpellier. La pasamos en grande y juntos visitamos París, Brujas, Bérgamo, Roma y varias ciudades más de Italia. Años después Jenny se compró un departamento en Lima, donde nos volvimos a ver cada vez que yo visitaba el Perú.

Y ahora viene una mescolanza de recuerdos que me llaman con frecuencia y que empiezan cuando yo, por los años noventa, visité Puerto Rico por primera vez. Y allá conocí al gran embajador español Juan Ignacio Tena Ibarra. Con el gran Juanchín sí que la pasamos en grande. Con él y con su esposa Marta nos peinamos la isla y sus playas a lo largo de semanas, y estando con ellos, entonces, es que conocí a la bellísima Tere Llenza, una modelo muy cotizada por aquellos años. Juanchín, Marta, Tere y yo íbamos de un lado a otro, de playa en playa, de restaurante en restaurante y de bar en bar. Así pasamos por la Hostería del Mar, con su piano bar, donde escuchamos grandes boleros y donde Tere y yo nos amamos muchísimo. Por la Universidad de Cayey, donde Tere me había hecho una pregunta en una conferencia sobre Proust y yo le había contestado sobre el grandioso amor que mi mamá le tenía a Marcel Proust. Pasamos también por La Mallorquina, restaurante típico donde Tere y yo nos amamos. Por el Dorset Primavera, en Rincón, donde fuimos a tomarnos unas copas junto al mar y nos quedamos en una suite con piscina privada y todo. Estuvimos, cómo no recordarlo, en la casa de la escritora Mayra Montero, donde íbamos a bañarnos en su piscina a las horas más impropias. También en el restaurante Marmalade, en el viejo San Juan, con sus cortinas vaporosas y la gran compañía de Juanchín y Marta, y, por último, en el Hipopótamo, donde se reunían los intelectuales de San Juan a hablar por largas horas y sin reposo, pero donde en silencio te amaba: te amaba mucho, Tere.

Fue en medio de esa algarabía cuando una noche, saliendo de comer de un restaurante español, Juanchín Tena gritó mi nombre y trató de llegar a su automóvil, pero de golpe se vino abajo y quedó fulminado en medio de la pista. Cuando llegó la policía, y mientras buscaban a un juez, yo tomé un taxi y me dirigí a casa de Juanchín. Allí encontré a Marta, su esposa, quien reaccionó de una forma muy extraña cuando le conté lo ocurrido.

–Juanchín debe haber estado muy cansado –me dijo–, pues esta mañana se fue manejando hasta Ponce, en el extremo de la isla.

Cuando le pregunté si quería ir a ver el cuerpo de Juanchín, me respondió que antes tenía que sacar a mear a su perro Romulito. Total que tuve que regresarme solo y en otro taxi hasta el lugar donde yacía el cadáver de Juanchín y donde un juez ya había levantado el acta de lo acontecido.

Después viene el velatorio de Juanchín, que duró tres días y sus noches. Yacía sobre su ataúd y muy bien engalanado. Y allí estuvo día tras día hasta que llegaron sus hijos e hijas de España, a tiempo para acompañar a su padre a un lugar llamado Panteón de los Próceres. Lo cierto es que Juanchín fue enterrado en el lugar que había estado ocupado por los restos de un prócer que fueron a parar sabe Dios a qué fosa común. En todo caso jamás vi tantas tumbas de próceres en mi vida. Tres días después Juanchín seguía tumbado sobre su ataúd y yo noté que tenía un rictus que empezaba a perfilarse como una sonrisa. Era como si estuviera burlándose de todos los presentes. A pedido de sus hijos dije algunas palabras ante la tumba de mi gran amigo y después me fui a buscar a Tere Llenza para olvidarme de todo aquello lo antes posible. Ella y yo terminamos abrazados en la playa y pedimos que nos sirvieran dos Bloody Mary ahí mismo, al borde del mar.

De regreso en Barcelona me encerré a escribir algunos libros, pero no recuerdo cuáles. Solo recuerdo mis larguísimas caminatas y las horas de encierro literario. Y también recuerdo Casa Lucio, sin duda el mejor restaurante en que he comido en mi vida, y que nada tiene que ver con Casa Lucio de Madrid.

Poco después vendí mi departamento barcelonés y construí la casa soñada en los cerros de Monterrico. La obra estuvo a cargo de mi amigo Jaime Dibós, que es quien me había regalado el terreno aquel en lo alto de un cerro. Anita me visitaba todas las mañanas después de dejar a sus hijas en el colegio. Y ante la insistencia del entonces rector de la UPC accedí a dictar clases. Me harté muy rápido y renuncié. Desde entonces he pensado siempre que lo que debí haber hecho es dictar clases en la Universidad Nacional Mayor de San Marcos, donde había seguido mis estudios de Letras y Derecho, pero esto es harina de otro costal. Lo cierto es que al cabo de un par de años decidí volver a Europa, desilusionado e incapaz de adaptarme a una sociedad violenta y muy desordenada, como era el Perú de los años noventa, y me instalé en Barcelona una vez más.

Pero la vida en Europa sin Anita me resultó muy difícil y una vez más vendí el departamento en el que vivía y opté por casarme con ella y regresar definitivamente al Perú. Nos casamos una noche con gran bailongo en casa de nuestra gran amiga Marita Sousa. La verdad que esa noche encontré a Anita muy mal vestida, llevaba un traje beige, casi marrón, que le quedaba fatal. Después hicimos algunos viajes a Buenos Aires y Santiago de Chile, los cuales resultaron inolvidables en especial gracias a los amigos y parientes a quienes visitamos, tanto en Santiago como en Buenos Aires, y luego nos instalamos en casa de ella en Lima. Como mis dos matrimonios anteriores, este duraría cinco años que recuerdo siempre con cariño.

El final de la historia llegaría junto con una invitación que recibí para dar una conferencia en Puerto Rico. Era una estupenda oportunidad de volver a mi viejo San Juan. Recuerdo que hice todo lo posible por lograr que Anita me acompañara, pero no pudo hacerlo por razones de trabajo.

Estaba llegando a mi hotel en San Juan cuando miré por el retrovisor y vi el rostro bellísimo de Tere Llenza, a quien nada le había contado yo de este viaje, aunque ella se había enterado por la prensa y había decidido venir a mi encuentro. Dejé el grueso de mi equipaje en el hotel y salimos disparados en su automóvil con destino a su casa de la playa. Quedaba al borde del mar en una calle llamada España, en el condominio Ocean View, y rodeada de bellas casas y restaurantes. Revivimos nuestra entrañable relación, hasta que llegó el día de mi regreso a Lima. Solo ella me acompañó al aeropuerto. Y recuerdo que en Lima me esperaba Anita, en el aeropuerto.

Y aquí arranca una llamadera a Tere Llenza, que no termina sino hasta que ella decide venir a visitarme a Lima, y por supuesto que Anita se enteró de todo. Yo me mudé con Tere a San Isidro, el barrio de mi infancia, y desde donde había partido a Europa décadas antes, ya graduado de abogado y de bachiller en Letras, pero sin haber escrito una palabra todavía. Pero las cosas salieron muy mal, y tan mal que un día de mutuo acuerdo decidimos que ella regresara a Puerto Rico. Lo que sí recuerdo siempre son los viajes que hicimos juntos por el Perú. Anduvimos por el Cusco, Arequipa y Puno, y terminamos con otro lindo viaje por la sierra central a Tarma, Huaychulo, Ocopa, Jauja y Junín. Este sí es el final de la historia.

ÍNDICE

Impreso en
Romanyà Valls, S. A.
Sant Joan Baptista, 35
08789 La Torre de Claramunt